COURS DE JAPONAIS

1re ANNÉE

ENSEIGNEMENT ÉLÉMENTAIRE

THÈMES FACILES

東洋學校

羅尼
元吉 校訂

初學

法和手引艸

全一冊

ぶゑぶる及てやる
發行書林
巴里京
ぼなぱると町二十七番

THÈMES FACILES

POUR L'ÉTUDE DE LA

LANGUE JAPONAISE

ACCOMPAGNÉS

DE DEUX VOCABULAIRES FRANÇAIS-JAPONAIS

ET PUBLIÉS

A l'usage des élèves de l'École spéciale des Langues Orientales

Par **LÉON DE ROSNY**

SECONDE ÉDITION

Publiée par **MOTOYOSI SAÏZAU**

PARIS

A. FAIVRE ET H. TEILLARD, ÉDITEURS

LIBRAIRES DE LA SOCIÉTÉ OCÉANIENNE DE FRANCE

27, RUE BONAPARTE, 27

1892

—

AVERTISSEMENT

DE LA SECONDE ÉDITION

Le présent recueil de *Thèmes faciles* a été composé pour l'usage des élèves qui suivent les leçons de première année du Cours de Japonais à l'École spéciale des Langues Orientales, et tout particulièrement celles qui sont données par le répétiteur indigène. Il comprend trente exercices qui devront être accomplis durant les deux semestres de l'année scolaire.

A chaque leçon, le répétiteur fera traduire les phrases françaises des thèmes et les écrira sur le tableau en caractères idéographiques chinois et en lettres syllabiques *kata-kana* ou *hira-kana*. Les élèves devront, en outre, apprendre pour chaque leçon une série de dix mots usuels réunis, sous le même numérotage que les thèmes, dans le *Glossaire Français-Japonais*, qui a été inséré à leur suite, et savoir non seulement prononcer correctement ces dix mots et les dire de mémoire, mais encore les écrire soit en signes japonais, soit en caractères idéographiques chinois. Ils auront enfin à répondre, au moment des examens de fin d'année, aux règles grammaticales qui leur auront été expliquées à l'occasion de ces exercices.

On trouvera, dans l'*Introduction* au Cours, dans la *Grammaire* et dans le *Manuel de la Lecture Japonaise*, les indications désirables pour acquérir une connaissance complète des principes de l'écriture usitée chez les insulaires du Japon. Pour la commodité des étudiants, nous avons cru utile néanmoins de reproduire, dans le présent volume, le paradigme du syllabaire japonais dit *kata-kana*.

Paris, le 28 novembre 1891.

NOTIONS ÉLÉMENTAIRES

DE

CALLIGRAPHIE JAPONAISE

L'étude de la calligraphie japonaise peut se diviser en quatre parties principales : la première comprenant l'étude de l'écriture syllabique *hira-kana ;* la seconde, celle de l'écriture syllabique *kata-kana ;* la troisième, celle de l'écriture idéographique dans sa forme classique ; la quatrième enfin, celle de cette même écriture idéographique dans sa forme vulgaire et cursive (*sau-zi* ou *sau-syo*).

Les Japonais, à l'instar des Chinois, écrivent par colonnes verticales qui se suivent parallèlement de droite à gauche. De la sorte, leurs livres commencent là où finissent les nôtres, et leurs titres sont tracés là où se trouverait la dernière page de nos volumes. Ajoutons en passant, que les livres ou manuscrits japonais sont rognés au dos, au lieu de l'être, comme chez nous, à la marge latérale ; et, comme il n'est pas d'habitude, dans l'Extrême-

Orient, d'écrire des deux côtés du papier, on plie chaque feuille dans le sens de l'ouverture du volume, et on inscrit sur la pliure le titre courant, l'indication des chapitres ou autres divisions de l'ouvrage, la pagination, etc.

Il n'est pas inutile de donner ici quelques indications pratiques sur les instruments et les substances dont se servent les Japonais pour tracer les signes de leur écriture.

Les Japonais emploient des pinceaux en guise de plumes. Ces pinceaux varient de grosseur et de forme, dans les différentes périodes de l'enseignement de la calligraphie. Les principales variétés sont désignées sous les noms suivants :

futo-fude, larges pinceaux pour les premiers exercices des enfants ;

sii-no mi fude, pinceaux courts employés généralement à l'époque où les enfants commencent à tracer les caractères cycliques de l'écriture idéographique ;

han-sin-fude, pinceaux pour écrire les lettres et documents épistolaires de toutes natures ;

hoso-fude, pinceaux fins ;

oho-mo-zi-fude, très grands pinceaux employés

pour tracer les caractères difficiles et pour imiter les modèles des calligraphes célèbres.

Les pinceaux japonais sont ordinairement fabriqués de poils de chèvre (*hitŭzi-no ke*) ou de poils de cerf (*sika-no ke*). On a soin de laver, après s'en être servi, les pinceaux entièrement formés de poils; au contraire, on ne lave point ceux dont l'intérieur est fait de papier roulé dans le but de leur donner une résistance que pourrait leur faire perdre l'eau dans laquelle on les plongerait pour les nettoyer.

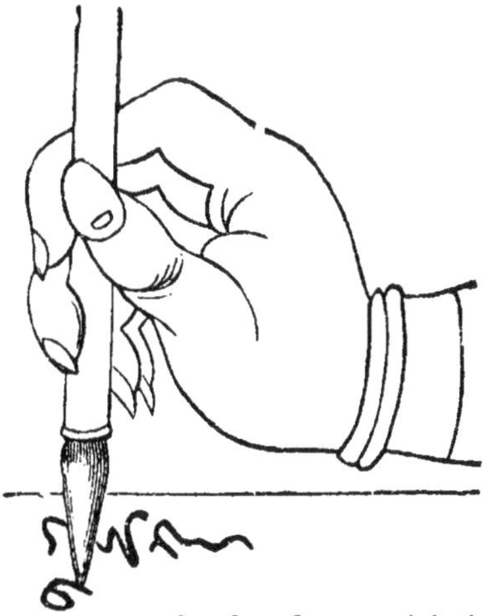

On emploie pour l'écriture une foule de variétés de papiers différents. Pour les exercices de calligraphie, on se sert d'une sorte de papier écolier (jap. *han-si*), ou de papier de la province d'Ômi (jap. *Ômi-no gami*); mais on préfère le premier pour les enfants, parce que le prix en est moins élevé. Pour les lettres, on se sert du papier rogné (jap. *han-kire*), ou dans les cas de cérémonie, du « grand faucon[1] » (jap. *oho-taka*), et d'un autre

1. Comme on dit chez nous « papier grand aigle ».

papier fort (jap. *nori-ire*), dont on fait également des enveloppes (jap. *syo-kan-bukuro* ou *zyau-bukuro*). La colle de farine (jap. *nori*) sert pour cacheter, et une empreinte est apposée sur la fermeture à l'aide d'un timbre humide (jap. *in-gyau*) sur lequel est gravé en caractères chinois antiques ou de fantaisie le nom de l'expéditeur. Enfin, pour effacer, on emploie de l'encre blanche (jap. *siro-sŭmi*), dont on se borne à surcharger les signes défectueux.

Les exercices progressifs que l'on fait faire aux enfants, pour leur enseigner la calligraphie, comprennent généralement : 1° les quarante-huit lettres syllabiques de l'alphabet[1] (jap. *i-ro-ha*) en écriture *hira-kana ;* 2° les signes cycliques[2] (jap. *dyû kan* et *dyû-ni si*) ; 3° les noms de toutes les provinces du Japon[3] (jap. *kuni-dŭkusi*) ; 4° les signes servant à écrire les noms propres de personnes[4] (jap. *naga-sira*), etc. Ensuite on fait copier

1. On trouvera ces signes, avec leur explication, dans mon *Introduction à l'étude de la langue japonaise*, p. 16 et pl. I.

2. Insérés dans mon *Dictionnaire des Signes idéographiques*, p. 199.

3. Insérés également dans le *Dictionnaire des Signes idéographiques*, p. 200.

4. *Même ouvrage*, p. 209.

aux élèves le Livre des Mille mots[1] (jap. *Sen-zi-mon*) en écriture chinoise *gyau-syo*, et successivement toutes sortes de textes en écriture classique (jap. *kai-syo*).

Ajoutons enfin que les enfants japonais étudient d'ordinaire la calligraphie depuis l'âge de cinq à six ans jusqu'à douze ou treize, et qu'ils s'exercent à lire les livres depuis leur septième année jusqu'à leur quatorzième ou quinzième, époque où ils commencent l'étude de la langue et de la littérature chinoise, tant en elle-même que dans ses rapports avec leur idiome national.

1. Ce texte, dont il existe plusieurs traductions européennes, a été inséré en caractères classiques, puis en caractères cursifs, avec une traduction japonaise interlinéaire, dans mon *Recueil de textes Japonais*, à l'usage des élèves de l'École spéciale des Langues Orientales, pp. 60-98.

イ *i.*	ロ *ro*	ハ *fa*	ニ *ni*	ホ *fo*	ヘ *fe*
ト *to*	チ *tsi*	リ *ri*	ヌ *nou*	ル *rou*	ヲ *wo*
ワ *wa*	カ *ka*	ヨ *yo*	タ *ta*	レ *re*	ソ *so*
ツ *tsou*	ネ *ne*	ナ *na*	ラ *ra*	ム *mou*	ウ *ou*
井 *yi*	ノ *no*	オ *o*	ク *kou*	ヤ *ya*	マ *ma*
ケ *ke*	フ *fou*	コ *ko*	エ *ye*	テ *te*	ア *a*
サ *sa*	キ *ki*	ユ *you*	メ *me*	ミ *mi*	シ *si*
ヱ *e*	ヒ *fi*	モ *mo*	セ *se*	ス *sou*	ン *n final.*

ALPHABET JAPONAIS

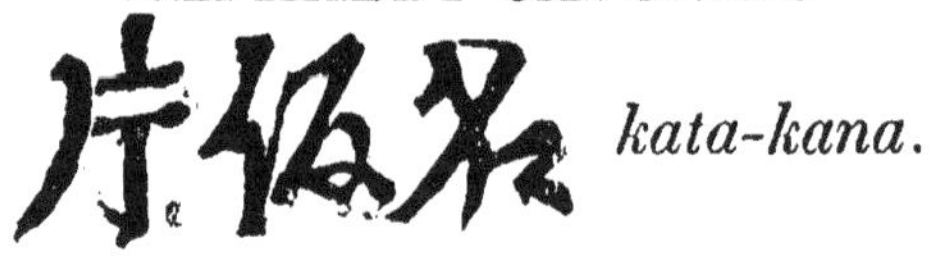

kata-kana.

THÈMES FACILES

POUR L'ÉTUDE DE LA

LANGUE JAPONAISE

PREMIÈRE PARTIE

I.

J'ai[1]. — Avez-vous ? — J'aime. — Aimez-vous ? — J'appelle. — Je mange. — Mangez-vous ? — J'habite. — Je pense. — Je désire. — J'écris. — J'achète. — J'aide. — J'amuse. —

1. Les verbes compris dans ces thèmes devront être conjugués avec l'auxiliaire de la langue vulgaire *masi-masŭ*.

« Avoir » se rend en japonais par *moti-masŭ*, lorsqu'il exprime simplement l'idée de posséder. On le rend également par *gozai-masŭ*, litt. « être », lorsque le verbe « avoir » peut se tourner par « être », ainsi que l'expliqueront les exemples suivants : *Nippon-no zi-biki-wo moti-masŭ ka ?* ; litt. « Japonicum dictionarium habes ne ? » = *Heï, hitotŭ gozai-masŭ*, « Sanè, unum habeo », litt. « Sanè, unum est (mihi). »

J'apporte. — Apportez-vous ? — Je bats. — Je bois. — Je cache. — Je combats. — Je cours. — Je crains. — Craignez-vous ? — Je dépense. — Je déteste. — Je devine. — Devinez-vous ? — Je dis. — Je doute. — J'efface. — J'empêche. — J'entre. — Entrez-vous ? — Je finis. — Je gagne. — J'interroge. — J'invite.

II.

Tu laves. — Tu manges. — Manges-tu ? — Tu mens. — Tu montes. — Tu nettoyes. — Tu noircis. — Tu nourris. — Tu ordonnes. — Tu oublies. — Oublies-tu ? — Tu parles. — Tu partages. — Je paye. — Payes-tu ? — Je pense. — Penses-tu ? — Tu perds. — Je prends. — Tu prends. — Je présente. — Il questionne. — Il récompense. — Il (se) réjouit. — Il rit. — Rit-il ? — Il sait. — Sait-elle ? — Il sème. — Il tombe. — Il tousse. — Tousse-t-il ? — Elle trompe. — Il (se) trompe. — Il tue. — Elle vend. — Vend-il ? — Elle voit. — Voit-elle ? — Avez-vous la viande ? — J'ai la viande. — Avez-vous le sel ? — J'ai le riz. — Avez-vous le thé ? — J'ai le cheval. — Avez-vous l'œuf ? — J'ai le fruit. — Avez-vous le papier ? — J'ai le pinceau. — Avez-vous l'habit. — J'ai le chapeau. — Avez-vous le dictionnaire ? — J'ai l'almanach. — Avez-vous le chien ? — J'ai le chat. — J'ai le fer. — Avez-vous l'or ? — J'ai l'argent. — Avez-vous le bœuf ? — J'ai le mouton. — Avez-vous le fruit ? — Avez-vous le tabac ? — J'ai la pipe. — Avez-vous la pendule ? — J'ai le chandelier. — Avez-vous l'allumette ? — J'ai le charbon. — Avez-vous le lit ? — J'ai le matelas. — Avez-vous le coton ? — J'ai la soie.

III.

Le chien de l'homme. — Le cœur de la femme. — Le chat de la maison. — La couleur de la soie. — La tête du père. — La poitrine de la mère. — Le ventre de l'enfant. — Le pied du marchand. — L'huile du poisson. — L'or du riche. — Avez-vous le cœur de la femme ? — J'ai le sel de la mer. — Le vin du domestique. — Le tabac du soldat. — Avez-vous le livre du savant ? — J'ai l'étoile de l'astronome. — Avez-vous l'argent de l'ambassadeur ? — Oui, j'ai l'argent de l'ambassadeur. — Avez-vous le dictionnaire de l'interprète. — Oui, j'ai le dictionnaire de l'interprète. Le bon chien. — La montagne haute. — La jolie femme. — Le chat méchant. — L'homme fort. — La petite maison. — La chose merveilleuse. — Le royaume japonais. — Le riche marchand. — La parole claire. — Le pauvre soldat. — Le long pinceau. — Le mauvais médecin. — La soie blanche. — La pierre noire. — La fleur rouge. — La blancheur du papier. — La hauteur de l'arbre. — La longueur du chemin. — La force du tigre. — La méchanceté du marchand. — La noirceur du charbon. — L'animal est méchant. — La femme est jolie. — La montagne est haute. — Le cœur est petit. — La gemme est merveilleuse. — La paille est longue.

IV.

Le médecin est plus grand que l'agriculteur. — Le diamant est plus beau que le cristal de roche. — L'arbre est plus haut que la maison. — Le coton est plus blanc que la soie. — La femme est plus méchante que l'homme. — L'impératrice est plus petite que l'enfant. — La cerise est plus rouge que la fleur. — La natte est plus longue que le lit. — Le frère est plus méchant que la sœur. — La fille de l'empereur est plus belle que la plante de la vallée. — Le vautour est très méchant. — Le chien est très noir. — Le riz du Japon est très bon. — Le pin de la montagne est très haut. — L'encre du marchand chinois est très noire. — Le papier du savant français est très blanc. — Le vin du vieux voyageur est très fort. — Le cigare du Français est très long. — Le vin du marchand français est plus rouge que le vin de l'agriculteur japonais.

V[1].

Un jour. — Deux jours. — Cinq jours. — Dix jours. — Une nuit. — Deux nuits. — Sept nuits. — Un homme. — Deux hommes. — Quatre hommes. — Huit hommes. — Un mois. — Trois mois.

---

1. Les noms de nombre sinico-japonais subissent quelques modifications lorsqu'ils sont combinés avec certains substantifs empruntés à la langue chinoise, qui, par suite de leurs nombreux homophones, pourraient causer des erreurs à l'audition. On dira de la sorte : *yo-nin* « quatre hommes » et non pas *si-nin* qui voudrait dire « un homme mort »; *yo-tabi* « quatre fois » et non pas *si-tabi*, qui signifierait « du feu qui décroît », etc. (Voir la *Grammaire*). — On devra s'attacher tout particulièrement à éviter les erreurs de ce genre que peut causer l'emploi contraire à l'usage des noms de nombres sinico-japonais.

— Neuf mois. — Onze mois. — Une année. — Trois années. — Quatre années. — Une fois. — Deux fois. — Quatre fois. — Quinze fois. — Une femme. — Deux femmes. — Quatre femmes. — Un enfant. — Cinq enfants. — Un ours. — Deux bœufs. — Trois moutons. — Quatre chevaux. — Six veaux. — Cent vaches. — Cinq oiseaux. — Six vers à soie. — Sept poissons. — Un vaisseau. — Deux vaisseaux. — Trois vaisseaux. — Dix vaisseaux. — Une tasse de thé. — Deux tasses de vin. — Trois tasses de bière. — Dix tasses d'eau. — Une pièce d'étoffe. — Trois pièces de soie. — Dix pièces de coton. — Un arbre — Deux arbres. — Trois arbres. — Six arbres. — Dix arbres. — Cent arbres. — Un livre. — Deux livres. — Trois livres. — Six livres. — Dix livres. — Une parole. — Deux paroles. — Cinq paroles. — Un royaume. — Deux royaumes. — Trois royaumes. — Quatre royaumes. — Une feuille d'arbre. — Deux feuilles. — Trois feuilles. — Quatre feuilles. — Six feuilles. — Une livre (poids). — Deux livres. — Trois livres. — Six livres. — Dix livres. — Cent livres. — Un pied (mesure). — Deux pieds. — Trois pieds. — Quatre pieds. — Six pieds. — Dix pieds.

VI.

Deux oiseaux.[1] — Quatre bœufs. — Cinq vaisseaux. — Six pins. — Huit grains de riz. — Neuf pinceaux. — Dix pinceaux. — Trois drogues. — Sept voitures. — Huit portes de maison. — Quatre portes de château. — Deux drapeaux. — Quatre couteaux. — Trois fleurs. — Cinq roses. — Huit sacs de riz. — Neuf boîtes de thé. — Quatre diamants. — Sept vieilles femmes. — Une jeune mère. — Six petites filles. — Trois soldats. — Quatre mains de papier. — Neuf vaisseaux. — Sept poules. — Trois coqs. — Quatre femmes.— Dix femmes. — Cinq servantes. — Dix-sept domestiques. — Quatre marchands. — Deux étudiants. — Sept savants.

VII.

La deuxième maison. — Le cinquième arbre. — Le huitième marchand. — La cinquième natte.

---

1. On devra faire usage, dans cet exercice, des « déterminatifs spécifiques » dont l'emploi est expliqué dans la *Grammaire*, et qui jouent un rôle important dans la phraséologie japonaise.

— Le onzième empereur. — Le septième rocher de la vallée. — Le neuvième livre de la bibliothèque. — Le douzième rasoir du barbier. — La première rivière du royaume. — La centième gemme du joaillier. — J'ai le troisième poisson de la mer, — Avez-vous le sixième dragon de l'empereur ? — J'ai le vingt-deuxième cheval du voyageur. — Avez-vous la trente-cinquième caisse de l'ambassadeur ? — J'ai le dixième pinceau de l'interprète. — La moitié du pays. — Avez-vous la moitié du papier ? — J'ai la moitié du dictionnaire japonais. — Avez-vous les trois quarts[1] du royaume ? — J'ai les deux tiers de la capitale. — Avez-vous les cinq sixièmes de la vallée ? — J'ai les sept neuvièmes de l'île. — J'ai le double. — J'ai le triple.

VIII.

J'ai le riz. — Tu as l'œuf. — Il a le tabac. — Elle a la fleur. — Nous avons le poisson. — Vous avez l'argent. — Ils ont le cheval. — J'ai le mouton. — Avez-vous le pinceau ? — J'ai le diction-

---

1. Pour la formation des nombres fractionnaires, voy. la *Grammaire.*

naire. — A-t-elle le savon ? — Elle a le miroir. — A-t-il le coq du marchand ? — Il a la poule de l'agriculteur. — J'ai le chat du papetier. — Ont-ils le couteau ? — Ils ont les rasoirs. — Elle a le sang du méchant tigre. — A-t-elle le grand dictionnaire de l'interprète ? — Elle a la gemme rouge du bon joaillier. — Avez-vous le traversin épais du lit long ? — J'ai les deux matelas du libraire. — Mon chapeau. — Votre pantalon. — Avez-vous ma chemise ? — J'ai votre gant. — Avez-vous le faisan de l'île ? — J'ai le singe de votre maison. — A-t-elle mon papier ? — Elle a son pinceau. — — La fille du charpentier a-t-elle ton couteau ? — Le frère du serrurier a mon fer. — Le lion a-t-il la viande de mon lièvre ? — Le vautour a la souris de votre chambre — Avez-vous ce livre ? — J'ai cette carte géographique. — Ces hommes ont-ils mon habit de soie ? — Ces femmes ont mon pantalon de coton. — Avez-vous la bière de ce marchand ? — J'ai le mercure de ce médecin. — Ai-je l'œuf de cette poule ? — Vous avez le fruit de ce paysan. — Ont-elles le fil fin de la belle impératrice ? — Elles ont l'éventail du frère aîné de ce peintre. — Avez-vous la force du bœuf ? — J'ai la longueur du serpent.

IX.

J'ai le rasoir. — Tu bois le thé. — Il mange le riz. — Aimez-vous le poisson ? — Je bats le chien. — Appelez-vous le cocher ? — Je crains l'ours. — — Tu dépenses ton argent. — Connaissez-vous la route de la capitale. — J'interroge le voyageur. — Tu noircis le papier de l'astronome. — Il oublie la science du savant. — Nettoyez-vous la chambre de votre frère aîné ? — Elle nourrit les vers à soie de l'agriculteur. — Parlez-vous la langue du Japon ? — Oui, je parle la langue des marchands japonais. — Je présente le livre au savant. — Prenez-vous l'œuf à la poule[1] ? — J'achète la soie au marchand. — Je tue le tigre du voyageur. — Vous mangez la cerise de l'agriculteur. — Elle vend l'habit de son père au barbier. — Je rembourse l'argent au marin. — Je montre la boutique à la mère de l'ambassadeur. — Avez-vous la fourchette[2] du vieillard ? — J'ai la cuiller du serru-

---

1. Rendez l'article du datif français par la suffixe japonaise de l'ablatif *kara*. — La même règle doit être appliquée à l'exemple suivant.

2. Litt. « les bâtonnets à viande. ».

rier. — Je prends ce fruit dans le jardin[1] de l'agriculteur japonais. — Quel livre montrez-vous à l'interprète de l'empereur. — Je montre la carte géographique à l'héritier présomptif du trône. — La montagne du Japon est plus haute que la montagne de la Chine. — Cette viande est très bonne. — Avez-vous le peigne de la femme? — J'ai le peigne de la fille du soldat.

X.

Voyez-vous la pipe du marchand de tabac? — Je vois la couleur rouge du peintre. — Je viens de Yédo. — Je vais à Paris. — La pluie tombe du nuage. — Je vois l'étoile au ciel. — Le charpentier bâtit une maison de bois. — Apprenez-vous la langue japonaise? — J'apprends la langue japonaise avec[2] votre dictionnaire. — Je noircis le papier avec de l'encre. — L'homme est venu avec

---

1. Traduisez : « du jardin », avec la particule de l'ablatif *kara*.

2. Il est nécessaire, pour bien traduire le mot français « avec », de se demander s'il signifie « au moyen de, avec l'aide de », ou bien « et, ensemble, en compagnie de », et de faire usage, suivant le cas, du mot japonais qui répond à l'une ou l'autre de ces acceptions.

le chien. — Il entre dans la maison de mon père avec son frère. — Le marchand mêle son vin avec de l'eau. — Le libraire imprime le livre avec de l'encre rouge. — L'empereur récompense le marchand avec de l'argent. — L'enfant s'amuse avec le singe. — Le soldat japonais mange la viande avec le riz. — Prenez-vous le lit de votre père avec le matelas ? — Non, je prends le lit de mon frère avec le traversin. — Elle écrit une lettre au gouverneur avec de l'encre jaune. — Je coupe le bois du pin avec mon couteau. — Je fais une table de bois. — Le serrurier fait la boîte avec du fer. — L'astronome étudie le vent et la pluie avec le livre du savant.

XI.

J'avais le rasoir du soldat. — Il avait le cœur de la femme. — J'aimais le thé japonais. — J'ai été deux fois au Japon. — Aujourd'hui, je vais à la maison de mon père. — Hier, j'ai été au jardin de ma mère. — J'ai combattu les soldats[1] de l'empereur de Chine. — Hier, je mangeais le riz ; aujourd'hui, je bois le thé. — J'ai fumé du tabac

1. Traduisez : « j'ai combattu *avec* ».

japonais. — Le tabac japonais est très bon. — Quel tabac aimez-vous ? — J'aimais mieux le tabac français que le tabac japonais ; maintenant, j'aime mieux le tabac japonais. — J'ai couché dans le vaisseau du marin. — Je craignais le tigre et le vautour ; maintenant, je crains le serpent. — — J'ai lu le livre du savant français. — J'ai oublié la langue japonaise. — J'ai effacé le nom du médecin. — J'ai gagné l'argent du riche marchand. — J'ai habité deux années l'île[1] du gouverneur. — Avez-vous interrogé l'astronome ? — Il méprise les paroles du marchand de tabac. — Paie-t-il la bière du cocher ? — J'ai perdu l'almanach de l'armurier. — Avez-vous semé les graines du mûrier ? — J'ai planté les fleurs du voyageur dans le jardin de ma sœur cadette. — Voyez-vous la noirceur du nuage ?

XII.

J'irai demain à Nagasaki. — J'ai été hier à Yédo. — Prendrez-vous avec vous l'enfant de ma

---

1. Traduisez : « à l'île », ou « dans l'île ».

sœur[1] ? — Je tuerai demain les petits du porc. — La femme nettoiera tous les mois la chambre de votre maison. — Le papetier aura-t-il le bon papier français ? — L'empereur achètera le grand diamant du voyageur. — Le vieillard fumera le tabac ; l'enfant mangera l'abricot du jardin. — J'avais hier le cuivre de l'île ; demain, j'aurai le plomb de la montagne. — L'impératrice récompensera la fille du médecin. — Le marin évitera les roches de la mer. — Le voyageur a oublié la route du long cap. — Le savant présentera le livre du domestique à l'ambassadeur. — J'ai toussé bien des fois hier. — Buvez le vin rouge du port. — Lisez le livre du savant. — Remboursez-moi mon argent. — Aimer le vin est mauvais. — Coucher dans le jardin est bon. — Vous mentez souvent (bien des fois). — Je punirai l'ennemi de l'empereur. — Elle rendra l'argent du médecin. — Envoyer des vaisseaux au port est bon. — Achetez la grande maison du petit maçon. — Sauvez l'enfant de votre méchant ennemi. — Mettez le bois à brûler dans le poêle. — Hier, j'ai mangé les huîtres de la mer ; demain, je mangerai les petits poissons de la rivière. —

1. Rendez ainsi : « Vous de moi de la sœur l'enfant vous avec ensemble accompagnant irez-vous ? »

Achetez-moi un bon dictionnaire japonais et un bon dictionnaire chinois.

XIII.

Avez-vous la chaise de la maison ? — Non, je n'ai pas le paravent de la chambre. — Aimez-vous le parfum de l'ail ? — Non, je n'aime pas le goût de la carotte. — Teignez-vous les cheveux de votre sœur ? — Oui, je noircis les dents de ma fille. — Parlez-vous la langue japonaise ? — Je ne doute pas de vos paroles. — Imprimez-vous le livre du savant ? — Non, je plante la fleur bleue du médecin. — N'avez-vous pas l'écorce du saule de la vallée ? — Non, j'ai la graine du melon vert. — Hier, je n'avais pas l'argent du joaillier ; aujourd'hui, j'ai l'étain du charpentier. — N'aviez-vous pas hier le portrait de la femme. — Non, j'aurai demain le sang de mon ennemi. — Mon père n'aura pas le chapeau du ministre. — Ma femme ne mangera pas le raisin de mon jardin. — Mon fils ne boira pas la bière de l'agriculteur. — Ne saluez pas cet homme. — Ne trompez pas l'armurier. — Ne tuez pas le petit ver de l'arbre. — Ne pas oublier la langue japonaise est bon. — Si j'avais le livre du savant, je lirais. — Si je voyais l'empereur, j'irais à Yédo. — Si je combats mon ennemi[1], je mourrai. — Si j'étudie la langue japonaise, j'aiderai l'interprète. — Si vous m'aimez, je vous aimerai. — S'il me questionne[2], je dirai la vérité. — Si cet homme vient, je partirai. — Si vous ne me montrez pas votre soie, je ne puis pas l'acheter. — Si vous n'entrez pas, je sors. — Qu'avez-vous ? — Je n'ai rien. — Donnez-moi quelque chose. — Je ne vous donnerai rien. — Si vous habitez ma maison, je coucherai avec mon chien. — Qu'a-t-il dit ? — Il n'a rien dit. — Quand vous irez à Yédo, venez dans ma boutique. — J'irai à Yédo, quand l'ambassadeur viendra me voir. — Si j'avais de l'argent, j'achèterais un diamant. — Si je savais la langue française, je vendrais mon dictionnaire. — Si vous n'aimez pas les plantes, moi je n'aime pas les animaux. — Si vous mentez, je ne vous aime plus.

XIV.

Aujourd'hui, je sème du blé. — Hier, il plantait des légumes. — Demain, la femme du mar-

---

1. Traduisez : « avec mon ennemi ».
2. Traduisez : « s'il questionne à moi ».

chand achètera du soufre. — Avant-hier, l'empereur a ordonné la guerre. — Après-demain, venez dans la maison de mon frère. — Je n'irai jamais. — La sœur de votre barbier est toujours dans sa maison. — Vous êtes tous les jours dans mon jardin. — Maintenant, je partage mon riz. — Jadis, quand l'empereur est mort, j'ai tué mon chat. — J'ai lu entièrement votre livre. — J'apprendrai ultérieurement la langue chinoise. — Il faut[1] souvent parler avec vos amis japonais. — Venez ici. — Allez là-bas. — Le marin est allé sur la montagne. — Le serrurier habite sous le rocher. — Le poisson vit dans la mer. — Sa maison est devant la boutique du libraire. — Il plante un bambou derrière le saule. — Au milieu de ma table, il y a un grand miroir. — Près du miroir, il y a un chandelier. — En dehors de ma maison, j'ai un petit jardin. — Demain soir, j'irai à Yokohama, et de là j'irai le matin suivant à Yédo. — Aimez-vous la bière ? — Oui, je l'aime beaucoup. — Donnez-moi un peu de tabac. — Vous êtes très riche. — Je suis fort pauvre. — Le fer japonais est comme le fer français. — Le fer chinois est presque la même chose.

---

1. Rendez par : « il est nécessaire ».

XV.

Avez-vous assez de viande ? — J'en ai trop. — Je n'ai pas assez de riz. — J'aime moins les pommes que les oranges. — J'aime encore mieux les pêches. — Mangez d'abord la viande, vous mangerez ensuite les légumes. — J'aime mieux manger la viande et les légumes ensemble. — Quand vous aurez bu votre vin, vous boirez une tasse de thé. — J'aime vraiment mieux boire deux tasses de thé. — Ensuite, je fumerai peut-être un peu de tabac. — Battez doucement votre enfant. — Le diamant réjouit bien la femme. — Allez vite à Yédo, et revenez ici de bonne heure. — Ce maçon a mal fait cette maison. — Cela est vraiment merveilleux. — Venez exactement à neuf heures chez mon frère. — Quand vous couchez-vous ? — Je me couche tard. — Il mange le riz de bonne heure. — J'aime à dire la verité aux hommes. — Allons ensemble dans ma chambre. — Quel habit avez-vous ? — De qui avez-vous les gants ? — Je n'ai les gants de personne. — Qui est venu hier dans ma maison ? — Personne n'est venu hier dans votre maison. — A qui donnerez-vous ce livre ? — A qui montrerai-je ma tortue ? — Combien cette pendule ? — C'est trop cher. — Au contraire, c'est très bon marché. — Pourquoi oubliez-vous les mots japonais ? — Parce que j'ai une mauvaise tête. — Où semez-vous les graines de melon ? — Je les sème dans mon jardin ou dans celui du peintre. — Où irez-vous ce soir ? — J'irai au théâtre avec mon père, ma mère et ma sœur. — Où demeurez-vous ? — Voici mon nom et mon adresse, mais je ne suis jamais à la maison.

XVI

Le chien est sur la montagne. — Au bas du long cap, l'agriculteur a planté des mûriers. — J'étudie suivant mon idée. — L'homme a tué le vautour, puis la femme a tué le canard. — La femme a aussi tué le pigeon. — Avez-vous la poire ou l'abricot ? — Je n'ai ni la prune, ni l'orange. — Je viens ici pour voir votre cheval. — Quoique vous ayez tué mon chat, je vous donnerai un oignon. — Quoique le marchand ait vendu beaucoup de soie, il n'a pas gagné d'argent. — Puisque vous ne comprenez pas le français, je parlerai japonais. — Alors, je vous comprendrai aisément. — Il vient ici parce que son père l'a battu. — Certes, il a bien mérité cela. — Il ne dort pas à cause de vous. — En plus, il ne mange pas, mais il boit du matin au soir beaucoup d'eau. — C'est pourquoi votre ami est si faible. — Hélas ! je n'avais pas deviné cela.

SECONDE PARTIE

XVII.

J'aime la belle soie du Japon. — Ai-je le sabre du vieux soldat ? — Vous avez le cigare du voyageur français. — Avez-vous le vin du marchand de Yédo ? — Il enseigne l'astronomie à ses enfants. — A-t-il lu la lettre de votre père ? — Je n'ai pas vu le cheval de l'empereur. — N'ai-je pas répondu à votre lettre ? — Vous n'avez pas coupé le bois de l'arbre avec votre sabre. — N'avez-vous pas tué le chat de votre sœur aînée avec votre pistolet ? — Il n'a pas compris les paroles de l'ambassadeur. — N'a-t-il pas habité la capitale de la Chine ? — Je me tue parce que ma femme l'a ordonné. — Je vous bats parce que vous m'avez dit un mensonge. — Vous le payez, bien qu'il vous ait vendu du mauvais riz. — Nous nous aimons mutuellement. — Nous sommes bons, eux sont méchants. — Nous étudions les livres japonais, eux se promènent. — Vous travaillez du matin au soir, elles dorment le jour et la nuit. — Elles nettoient votre habit et vous le noircissez. — Ils ne me donnent rien, et moi je leur donne de la nourriture. — Aiment-elles le vent ou la pluie ? — Elles n'aiment pas le mauvais temps. — Il n'aime que soi. — Je me trompe souvent, mais je ne dis de mensonge à personne. — Il se punit, parce qu'il n'a pas dit la vérité. — Elle se lave les mains dans l'eau de la rivière. — Nous nous écrivons de longues lettres tous les mois. — Ces soldats se lancent-ils des flèches ? — Ces femmes doutent-elles de nos paroles ? — Elles ne doutent pas de nos paroles, parce qu'elles nous aiment.

XVIII.

Mon chien. — Ton diamant. — Son miroir. — L'enfant a mon bon tabac. — Le serpent a ton petit oiseau. — Le serrurier a son mauvais charbon de terre. — Le barbier a-t-il le vieux rasoir de mon médecin ? — Il ne l'a pas. — A-t-il son pantalon blanc ? — Il l'a. — A-t-il son papier blanc ? — Il ne l'a pas. — Avez-vous le fruit de la forêt ou celui de mon jardin ? — Je n'ai ni celui de votre jardin, ni celui de la forêt. — Aimez-vous le vin français ? — J'aime mieux le vin français que celui du Japon. — Avez-vous mon peigne ? — J'ai le mien et le vôtre. — Avez-vous le sien ? — Je n'ai pas le sien, mais j'ai celui de votre sœur cadette. — Avez-vous les sabres des soldats ? — Non, je n'ai pas leurs sabres, mais j'ai leurs lances et celles des ennemis. — Mangez-vous cette viande-ci ou bien celle-là ? — Je ne mange ni celle-ci, ni celle-là. — Apportez-moi ceci, mais ne m'apportez pas cela. — Prenez-vous ceci ou bien cela ? — Je déteste également ceci et cela. — Ce château-ci est plus grand que celui-là. — Votre éventail est plus joli que le mien et il est plus grand que celui de votre mère. — La neige est blanche, mais la soie de ma femme est encore plus blanche. — Le serpent a mangé l'oiseau de la forêt et celui de la montagne.

XIX.

L'homme qui est venu. — La viande que j'ai mangée. — La parole qui a été dite. — Le dragon que je crains. — La maison que j'habite. — Le savant que vous interrogez. — Le singe que nourrit la fille de votre ami. — La soie que vend le marchand. — La pluie qui tombe. — Le sucre que donne le voyageur. — La soie que vous avez achetée. — La science que néglige le marin. — La maison que nettoie la femme. — Les flèches que le sauvage a perdues. — La méchanceté des ennemis que les soldats méprisent. — L'endroit d'où il vient. — La montagne que j'ai vue. — La lettre que j'ai écrite. — Il a pris beaucoup de fruits qui étaient dans le jardin. — Le fils du marchand que tu as tué était extrêmement riche. — Ce que je sais. — Ce que fait le charpentier. — Il a dit beaucoup de choses. — Toutes les choses qu'il a dites. — Le vaisseau qui se rend à Nagasaki. — J'ai appris que les soldats sont autour de Yédo et dans les montagnes. — Le premier qui fut roi fut un fort chasseur. — Qui est cet homme ? — C'est le gouverneur de Yamato. — L'amitié est un cœur qui habite deux corps. — L'interprète qui parle la langue japonaise ne comprend pas les paysans de la province de Satsouma. — L'affaire dont vous me parlez est celle que mon père vous a expliquée. — Le sabre que vous avez est celui de l'empereur. — Il n'y a ici que nous deux qui comprenions la langue japonaise. — N'êtes-vous pas l'interprète qui a traduit le dictionnaire du savant Chinois ? — Non, mais je suis l'astronome qui a deviné la pensée des ennemis.

XX.

Je n'ai que du riz. — Le libraire n'a que cinq livres. — Ma femme n'a que cinq filles et trois garçons. — J'ignore ce à quoi il pense. — Savez-vous à quoi il travaille ? — C'est à quoi je perds mon argent. — Voilà de quoi s'amuser tous les soirs. — Prenez un peu de ce plat-ci ? — Merci, je n'ai pas faim. — Qu'avez-vous ce matin ? — Je n'ai rien, mais je crains que vous ne soyez souffrant. — Et moi, je crains que vous ne soyez en colère. — Comprenez-vous ce qu'il écrit ? — Il n'y a rien que je ne comprenne. — En vérité, vous êtes un grand savant. — Tous les jours, j'étudie pendant sept heures. — Il a de quoi acheter un palais. — La lettre dont vous avez perdu l'enveloppe. — La femme que vous avez vue hier. — Le pinceau avec lequel vous écrivez. — Le cheval que vous voyez. — Le tigre que vous avez tué. — La poule que vous avez mangée. — Le miroir que vous avez caché. — L'enfant que vous avez battu. — Le domestique que vous avez appelé. — Le soufre que le marchand a acheté. — La montagne sur laquelle nous habitons. — Le voyageur que j'interroge. — Où allez-vous ? — Je vais chez moi. — Où est votre maison ? — Elle est dans le milieu de la forêt. — Le palais d'où je sors est celui de l'empereur. — Il a acheté des graines au marchand de Sen-daï, et il les sème dans son jardin. — J'ai donné du sucre à mon chat, qui le cache sous la table. — Cette femme a vu hier son ami, mais elle n'a pas osé lui parler. — Je ne suis contente de personne ; je ne le suis pas de moi-même. — Prenez ce miroir et portez-le dans la chambre de ma fille. — Vous êtes très méchant, mais moi, je ne le suis pas. — Pensez-vous à moi ? — J'y pense. — Travaillez-vous à mon jardin ? — J'y travaille.

XXI.

On aime la guerre. — On dépense beaucoup d'argent à Yédo. — On ne vous comprend pas. — On mange plus de riz au Japon qu'en France. — Quelqu'un est venu pour vous voir. — Qui est venu pour me voir ? — Votre père et votre mère sont venus ; l'un et l'autre étaient très fatigués. — Quelqu'un sait-il la langue anglaise ? — Personne ne la sait. — Quiconque tuera un oiseau dans mon jardin sera battu. — Chacun aime à s'amuser. — Personne n'aime à tousser. — Qui a vu le faucon de la montagne ? — Personne ne l'a vu. — On dit que les agriculteurs ont perdu leurs vers à soie. — On dit qu'on a vu un lion dans la forêt. — Quelqu'un a dit que l'enfant de l'ambassadeur avait trouvé un diamant noir. — Chacun parle ici le japonais. — Quelqu'un parle-t-il le chinois ? — Personne ne parle ni le chinois ni le français. — Tous les hommes n'aiment pas le vin. — Les uns aiment la bière, les autres aiment le thé. — Ces enfants se détestent l'un l'autre ; aussi personne ne les aime. — Un tel devine toutes vos pensées. — Une telle dépense tout l'argent de son mari. — Tel qu'un tigre, ce soldat effraie le peuple des campagnes. — Chaque ambassadeur a deux sabres et un chapeau. — Chaque femme a un miroir et un éventail. — Avec un dictionnaire japonais quelconque, je pourrai traduire votre livre. — Donnez-moi un fruit quelconque et mangez les autres.

XXII.

Avez-vous un dictionnaire français ou un dictionnaire anglais ? — Je n'en ai aucun. — Qui est venu hier dans la maison de votre père ? — Nul n'y est venu, ni hier, ni aujourd'hui. — Avez-vous le livre de mon médecin ? — Je n'ai pas le même livre. — Quel homme avez-vous vu chez le savant ? — J'ai vu le même homme que j'avais vu deux fois chez vous. — Les Japonais et les Chinois n'ont pas les mêmes talents, mais ils étudient de même les livres de Confucius. — A qui avez-vous donné le sabre du soldat ? — Je l'ai donné à vous-même. — Vous ne l'avez pas donné à moi-même, mais à mon domestique. — Aimez-vous mieux le tabac du charpentier ou celui du papetier ? — C'est la même chose pour moi. — Aimez tous les hommes, même les méchants. — Les anciens bouddhistes ne tuaient point les animaux, pas même les insectes. — Avez-vous un bon rasoir ? — J'en ai plusieurs, mais ils sont tous mauvais. — Beaucoup de Japonais aiment l'étude, et tous désirent apprendre les langues étrangères. — Avez-vous mangé tout le riz ? — Je n'ai pas mangé le riz, mais tous vos chats l'ont mangé. — Tout Japonais aime son pays. — J'avais beaucoup de vin, ma femme l'a tout bu. — Je donnerai ma fille à tout autre qu'à vous. — Je ne mangerai pas de viande, mais je mangerai tout autre chose. — Le riz est tout aussi nourrissant que le pain. — Cet homme m'effraie ; il est tout en colère.

XXIII.

Avez-vous quelque chose? — J'ai quelques fleurs. — Quelques hommes sont venus dans la maison du paysan et ils ont tué sa femme. — Il n'aime pas l'étude. — C'est quelque chose de très mauvais. — Quelque haute que soit la montagne de votre pays, j'en ai vu de plus hautes dans le mien. — L'empereur désire un astronome tel que vous. — Je dormirai dans les bois ou dans quelque lieu que ce soit. — Je ne désire l'argent de qui que ce soit. — Donnez-moi quoi que ce soit, je serai content. — Quoique vous soyez fort, vous n'ouvrirez pas cette porte. — J'ouvrirai une porte quelconque avec mon grand sabre. — Le courage est une grande vertu, mais la bonté du cœur est encore meilleure. — Rien n'est tel que la force pour un soldat. — Rien n'est tel que la patience pour un astronome. — Rien n'est tel que l'étude pour un homme quelconque. — J'aime mieux quoi que ce soit que la guerre. — Aidez-moi à faire quelque chose d'utile. — Donnez-moi une fleur quelconque de votre jardin. — Je n'en donnerai à qui que ce soit. — J'ai un beau chapeau. — Tu as une petite table. — Il a un méchant enfant. — Elle a une jolie figure. — Nous avons la même pensée. — Vous avez tous des sabres. — Ils ont un arc quelconque et des flèches. — J'avais un petit chien, je l'ai perdu dans la forêt. — Tu avais un dictionnaire japonais, tu l'as vendu. — Il avait mon bon cheval, il l'a tué. — J'aurai de l'argent quand j'irai à Yédo. — Vous aurez un bel habit quand vous verrez l'empereur. — Elles auront des fleurs sur la tête, quand l'impératrice viendra dans ce pays. — Si j'avais de l'argent, j'achèterais du plomb. — Avoir de la patience est très utile quand on étudie une langue étrangère. — Le fils du médecin ayant perdu ses pinceaux, s'amuse avec le chien du paysan — Je suis pauvre. — Tu es riche. — Il est fort. — Elle est aimable. — Vous étiez malade. — Ils étaient neuf dans la maison du libraire. — Je serai demain matin à Myako. — Vous serez ce soir chez votre frère aîné. — Dans un mois, ils seront dans leur pays. — Soyez doux pour tout le monde. — Etre savant est difficile. — J'ai vu un homme qui étant soldat n'a jamais tué personne.

XXIV.

Demain j'irai voir le marchand de Yédo. — Allez chez votre frère. — Il est allé faire des emplettes. — Allons nous promener dans la forêt. — Où est allée votre sœur cadette ? — Elle est allée voir les musiciens de l'empereur. — Je vais dîner à la campagne. — Envoyez-moi votre dictionnaire japonais. — Donnez-moi le rasoir de votre père. — Je vous donne du papier, de l'encre et des pinceaux. — L'ambassadeur a donné le sabre au fils du médecin. — Il m'a donné des leçons de français. — Si vous me donnez des conseils, j'apprendrai vite l'astronomie. — Apportez-moi des porcelaines de Nagasaki. — Portez cet habit chez mon tailleur. — Il porte tous les jours le même chapeau. — Emportez ce poisson, il a mauvaise odeur. — Donnez à votre femme les fleurs que j'ai apportées de mon jardin. — Je les lui ai déjà données. — L'empereur a donné des canons aux soldats. — J'emporte avec moi vos souliers et votre pantalon. — Apportez ici l'éventail de ma femme et celui de votre fille. — Elles ont emporté leurs miroirs dans la boutique du marchand. — Où avez-vous mis le charbon de terre ? — Je l'ai mis dans le poêle. — Mettez le drapeau japonais sur votre maison. — Apportez-moi une chaise et une table dans ma chambre. — Mettez ma chemise et mon manteau dans la boîte, et portez-la chez l'ambassadeur. — Je l'ai déjà portée chez l'ambassadeur, mais j'y ai mis seulement votre manteau.

XXV.

Avez-vous mon beau diamant ? — Non, je ne l'ai pas. — Je n'aime pas le vin, mais j'aime la bière. — Je n'irai pas à Kyoto, mais j'irai à Nagasaki. — Avez-vous mangé le riz du marchand ? — Je ne l'ai pas mangé. — Habitez-vous dans le village ? — Non, je n'y habite pas. — Battez-vous votre fille ? — Non, je ne la bats pas. — Je confondais votre pinceau et le mien. — Craignez-vous le tigre ? — Je ne crains pas les animaux, mais je crains les hommes. — Me détestez-vous ? — Je ne vous déteste pas. — Je n'effacerai point ce que j'ai écrit. — La promenade me fatiguait ; maintenant elle ne me fatigue point. — Avez-vous fini ? — Je n'ai pas fini. — Qu'avez-vous ? — Je n'ai rien. — Qui interrogez-vous ? — Je n'interroge personne. — Que mangez-vous ? — Je ne mange rien ; je bois du vin japonais. — N'oubliez pas mes paroles. — Ne venez pas demain chez moi. — Ne mentez point. — Si je ne vous punis point, vous me tuerez. — Comme je n'ai pas d'argent, je ne puis acheter votre livre. — Comme j'ignore qui il est, je ne puis vous dire son nom. — Quoique je n'aie pas de dictionnaire, je comprendrai votre lettre. — Ne viendrez-vous pas me voir ce soir ? — Je ne viendrai pas vous voir, ni ce soir ni demain soir. — Pourquoi rit-il ? — Il ne rit pas. — Ne riez jamais quand un homme bat une femme. — Que voyez-vous ? — Je ne vois rien.

XXVI.

Il faut que je sorte. — Où allez-vous ? — J'ai besoin d'aller voir l'ambassadeur. — Je dois écrire demain à mon libraire, que voulez-vous lui dire ? — Je voudrais lui demander des livres japonais, et des pinceaux chinois. — Avez-vous besoin de pinceaux aujourd'hui ? — Aujourd'hui, je n'ai besoin de rien, mais demain il faut que j'écrive au Japon. — Voulez-vous ce fruit ou cette fleur ? — Je n'ai besoin ni de l'un ni de l'autre ; mais ma femme voudrait avoir le fruit. — Voulez-vous m'écrire votre nom et votre adresse sur ce papier ? — J'ai besoin de sortir pour acheter de la soie. — Voulez-vous que je sorte avec vous ? — Merci, j'ai besoin de sortir seul. — Avez-vous besoin de quelque chose ? — Je n'ai besoin de rien, mais je dois étudier ma leçon. — Faut-il que j'achète un almanach ? — Comme vous voudrez. — Voulez-vous venir me voir demain ? — Je ne le puis pas. — Pouvez-vous lire les caractères japonais? — Je puis les lire, mais je ne sais pas bien les écrire. — Il faut copier beaucoup de livres japonais, et ensuite vous pourrez écrire tout ce que vous voudrez. — Il faudrait manger, avant de monter sur la montagne. — Il faut apprendre à lire l'écriture Katakana, quand on veut commencer l'étude du japonais.

XXVII.

J'aime à vous entendre parler. — J'appelle mon fils pour aller avec vous à la rivière. — J'ai mangé tout ce que j'avais. — J'habite huit mois la ville et quatre mois la campagne. — Il habite dans le palais de l'empereur. — Je pense à vous. — A quoi pensez-vous ? — Je pense qu'il faut que j'étudie ma leçon. — Elle ne pense à rien. — Je désire vous voir demain et après-demain. — J'écris tous les jours des lettres au savant de Yédo. — J'achète autant de livres japonais que je puis. — Qu'avez-vous acheté ? — J'ai acheté toutes sortes de choses. — Je m'amuse avec mes enfants. — Je lis l'histoire du Japon pour m'amuser. — Rien ne m'amuse quand vous n'êtes pas avec moi. — Je vous apporte tous les livres japonais que j'ai pu acheter en voyageant. — Approuvez-vous mon idée ? — Je l'approuve complètement, mais ma femme ne l'approuve pas du tout. — Avouez la vérité. — Je ne puis pas avouer ce que je ne sais pas. — Je bats mon fils parce qu'il est méchant. — Il ne faut jamais battre les enfants. — Je blâme la guerre. — Buvez-vous beaucoup de thé quand il fait très chaud. — Je ne bois jamais de vin, mais je bois souvent de la bière. — J'ai caché mon sabre dans votre boîte. — Où avez-vous caché mon pinceau et mon encre ? — Je ne les ai cachés nulle part. — Cessez de parler français, car je ne vous comprends pas. — Je cesserai puisque vous le désirez, mais je crains de mal parler le japonais. — L'ami de votre frère a changé deux fois d'habit aujourd'hui.

XXVIII.

Je combats les ennemis de mon pays. — Pourquoi combattez-vous les insurgés ? — Parce que l'empereur me l'a commandé. — Que vous a commandé l'ambassadeur ? — Je ne le sais, car je confonds ses paroles avec celles de l'empereur. — Où couchez-vous ce soir ? — Je couche sous un grand arbre dans la montagne. — Courez au palais de l'impératrice, car il y a des voleurs. — Je crains les voleurs parce qu'ils sont plus forts que moi. — Pourquoi les craignez-vous, puisque vous avez un sabre et deux pistolets ? — J'ai dépensé tout mon argent. — Pour qui avez-vous dépensé tout votre argent ? — Pour un homme que je déteste. — Pourquoi détestez-vous cet homme ? — Ne le devinez-vous pas ? — Je ne devine pas aisément votre idée. — J'ai différé de venir vous voir, parce que ma femme était malade. — Alors ne différez pas de retourner près d'elle. — Que dites-vous ? — Je dis que vous ne m'aimez pas. — Pourquoi doutez-vous de mon amitié ? — J'en doute, parce que vous ne dites jamais la vérité. — Effacez tout ce que vous avez écrit. — Je l'ai déjà effacé. — Le sage est toujours au-dessus des autres hommes. — Entrez ! — Je ne puis entrer puisque vous avez fermé la porte. — Alors, entrez par la fenêtre. — J'éviterai d'entrer par ce côté, car je crains de tomber. — Excusez-moi donc, car je suis obligé de vous laisser dehors. — Si vous ne m'ouvrez pas votre porte, je me fâcherai. — Je me fatigue pour vous ouvrir, mais je ne le puis. — Finissez donc de parler ainsi. — Je finirai de suite, si vous le désirez, mais vous ne gagnerez pas mon argent. — Il grave une carte de géographie sur du bois de poirier. — Où habitez-vous en ce moment ? —

J'habite dans la maison du joaillier. — Ignorez-vous mon adresse ? — J'ignore ce que votre père vous a dit. — Le savant imprime un livre avec des lettres de bois. — Indiquez-moi la route pour aller à la capitale ? — Je ne le puis ; mais interrogez le barbier, il vous l'indiquera. — Je ne veux pas l'interroger, parce qu'il invente toujours des mensonges. — Invitez-le à boire quelques tasses de vin avec vous, et ensuite il vous dira certainement la vérité. — Il y a un homme qui se tient dans le coin de cette chambre.

XXIX.

Le soldat a lancé une flèche au vautour, mais il n'a pu le tuer. — Que lavez-vous dans la rivière ? — Je lave les chemises de ma femme. — A quelle heure vous levez-vous ? — Je me lève très tard quand je n'ai rien à faire. — Quand j'ai à étudier ma leçon, je me lève le matin de très bonne heure. — Il faut lier les bambous ensemble, et les mettre dans le vaisseau. — Ne louez pas les hommes méchants. — Je ne loue que les hommes qui le méritent. — Vous mentez, car vous méprisez toutes les femmes et vous les louez constamment. — Où montez-vous ? — Je monte sur la montagne pour manger du riz avec mes amis. — Ne mangez pas quand vous n'avez pas faim. — Je ne mange jamais quand je n'ai pas faim, mais je bois quelquefois quand je n'ai pas soif. — Montre-moi ton éventail ? — Si on multiplie trente-sept par vingt-deux, combien cela fait-il ? — Donnez-moi un abaque et je vous le dirai. — Cela fait huit cent quatorze. — C'est très bien. — Si vous négligez de regarder la boussole, vous perdrez votre route. — Ne négligez pas de regarder aussi le baromètre pour savoir quel temps il fera demain. — J'ignore quel temps il fera demain, mais le thermomètre montre qu'il fait moins chaud que vous croyez. — Nettoye tes lunettes, et regarde de nouveau le thermomètre, tu ne nieras plus qu'il fait très chaud.

XXX

Il faut noircir mon papier avec de l'encre. — Comment se nomme-t-il ? — Je ne sais pas comment il se nomme. — Nourrissez-vous des vers à soie ? — Non, mais je nourris un singe et une tortue. — L'empereur ordonne aux soldats de rester près des canons. — Restez encore un moment avec moi. — Combien vous reste-t-il d'argent ? — Il me reste encore la moitié de ce que j'avais. — J'ai oublié beaucoup de mots japonais. — Il ne faut pas oublier sa leçon. — Oubliez-moi, car je vais en Europe. — Parlez-vous japonais ? — Je le parle un peu, mais je ne le comprends pas quand on parle vite. — Eh bien ! je vous parlerai doucement. — Mon fils partage ses gâteaux avec ses amis. — Voulez-vous partager votre tabac avec moi ? — Je partagerai mon tabac avec vous, si vous voulez également partager votre argent avec nous. — Je ne le puis, car il faut que je paie mon marchand de vin. — Pensez-vous au fabricant de panier? — Non, mais je pense quelquefois au fabricant de porcelaine. — J'ai perdu ma montre sur le vaisseau. — Cet homme a perdu sa réputation. — Je prends sa fille avec moi. — Prenez plutôt son fils, car il est malade. — Je présente un livre d'astronomie au ministre. — Que me proposez-vous ? — Je vous propose d'aller à la promenade. — Je ne le puis, parce que mon frère aîné a été puni par mon père et que je veux rester ici avec lui.

XXXI.

Un bon professeur doit questionner souvent ses élèves. — Questionnez-moi en langue japonaise ? —

La courtisane m'a raconté tout ce que lui avait dit son amant. — L'empereur a récompensé le pêcheur. — Le prêtre regrette de n'avoir pas eu le bambou. — La danseuse se réjouit d'entendre les musiciens. — L'orfèvre m'a remboursé mon argent, mais il ne m'a pas rendu ma montre. — Rendez-moi le diamant que je vous ai donné. — Elle ne rend rien de ce qu'on lui donne. — Il rit du matin au soir. — Pourquoi riez-vous ? — Je ris parce que votre femme a sali la voile du vaisseau avec de l'huile. — Le peuple a salué l'héritier présomptif. — Le pêcheur a sauvé votre enfant. — Sauvez-vous vite. — Savez-vous ce qu'il dit ? — Il dit qu'il a secouru le voyageur qui était tombé dans la mer. — Savez-vous semer la graine d'oignon ? — A quoi sert ce soufre ? — Il sert à fabriquer de la poudre. — Suspendez votre arc au mât du vaisseau. — Le marchand de Yoko-hama teint la soie de toutes les couleurs. — Dites-lui de teindre en bleu mon habit de coton. — La courtisane du village tourmente toujours son amant. — C'est pour cela qu'il tousse toute la journée. — Alors donnez-lui du sucre pour l'empêcher de tousser. — Vous vous trompez, le sucre le fera tousser davantage. — Le paysan a tué un faucon et deux perdrix, et il les a vendus au voyageur. — Quand les a-t-il vendus ? — Il les a vendus lorsque vous m'avez versé à boire du vin japonais dans votre boutique. — Votre beau chien vit-il encore ? — Il y a plus de six mois qu'il ne vit plus. — Vit-on longtemps dans les petites îles du Japon ? — Que voyez-vous ? — Je vois beaucoup de nuages au-dessus de la vallée. — Faites-moi voir le cachet que vous a donné l'empereur ? — Je ne puis vous le faire voir, le peintre me l'a volé.

GLOSSAIRE

FRANÇAIS-JAPONAIS

PAR ORDRE DE MATIÈRES

I.

Ciel — *Sora.*
Etoile — *Hosi.*
Soleil — *Hi.*
Lune — *Tŭki.*
Nuage — *Kumo.*
Vent — *Kaze.*
Pluie — *Ame.*
Temps — *Toki.*
Terre — *Tŭti.*
Mer — *Umi.*

II.

Rocher — *Iwa.*
Montagne — *Yama.*
Rivière — *Kawa.*
Pays — *Kuni.*
Capitale — *Miyako.*
Vallée — *Tani.*
Route — *Miti.*
Ile — *Sima.*
Cap — *Saki.*
Port — *Minato.*

III.

Homme (mâle) — *Otoko.*
Femme — *Onna.*
Vieillard — *Tosiyori.*
Enfant — *Kodomo.*
Père — *Titi.*
Mère — *Haha.*
Frères — *Kyau-dai.*
Sœurs — *Ane-imoto.*
Fils — *Musŭko.*
Fille — *Musŭme.*

IV.

Corps — *Karada.*
Tête — *Kasira.*
Cheveu — *Ke.*
Œil — *Me.*
Nez — *Hana.*
Bouche — *Kuti.*
Oreille — *Mimi.*
Dent — *Ha.*
Poitrine — *Mune.*
Bras — *Ude.*

V.

Main — *Te.*
Doigt — *Yŭbi.*
Ongle — *Tŭne.*
Dos — *Senaka.*

Estomac — *Ï-bukuro.*
Ventre — *Hara.*
Jambe, pied — *Asi.*
Peau — *Kawa.*
Sang — *Ti.*
Cœur — *Kokoro.*

IV.

Peuple — *Tami.*
Empereur — *Mikado.*
Impératrice — *Kisaki.*
Héritier présomptif — *Tai-si.*
Seigneur féodal — *Dai-myau.*
Ambassadeur — *Si-sya, si-setŭ.*
Savant — *Gakŭ-sya.*
Astronome — *Ten-mon-sya.*
Médecin — *Ï-sya.*
Poète — *Ka-zin, si-zin.*

VII.

Interprète — *Tû-zi.*
Voyageur — *Tabi-bito.*
Agriculteur — *Nô-ka.*
Riche — *Kane-moti.*
Pauvre — *Bim-bô-nin.*
Domestique — *Ke-rai.*
Ami — *Hô-yû.*
Ennemi — *Teki.*
Soldat — *Hei-si, hei-sotŭ.*
Marin — *Sui-fu.*

VIII.

Vêtement — *Ki-mono.*
Chapeau — *Bau-si.*
Pantalon — *Hakama.*
Soulier — *Kutŭ.*
Gant — *Te-bŭkuro.*
Chemise — *Zyû-ban.*
Soie — *Kinu.*
Coton — *Momen.*
Laine — *Nuno.*
Fil — *Ito.*

IX.

Maison — *Iye.*
Chambre — *He-ya.*
Meuble — *Dau-gu.*
Lit — *Nedoko.*
Table — *Tŭkuye.*
Chaise — *Isŭ.*
Natte — *Musiro.*
Matelas — *Futon.*
Traversin — *Makura.*
Paravent — *Byô-bû.*

X.

Bibliothèque — *Bun-ko.*
Pendule — *Tô-kei.*
Chandelier — *Syokŭ-dai.*
Lampe — *An-don.*
Boîte — *Hako.*
Miroir — *Kagami.*
Rasoir — *Kamisori.*
Peigne — *Kusi.*
Eventail — *Ogi.*
Savon — *Sabon.*

XI.

Parfum — *Niwoi.*
Poêle (brasier) — *Hi-bati.*
Bois (à brûler) — *Maki, taki-gi.*
Charbon — *Seki-tan.*
Allumette — *Haya-tŭke-gi.*
Balai — *Hataki, hauki.*

Brosse — *Hake.*
Eventail — *Augi.*
Tasse à thé — *Tya-wan.*
Théière — *Tya-bin.*

XII.

Livre — *Hon, syo-motŭ.*
Pinceau — *Fude.*
Crayon — *Seki-hitŭ.*
Papier — *Kami.*
Enveloppe — *Kami-bukuro.*
Cachet — *In-gyau, han.*
Lettre — *Tegami.*
Encre — *Sŭmi.*
Encrier — *Sŭzuri.*
Almanach — *Ko-yomi.*

XIII.

Abaque — *Soroban.*
Boussole — *Zi-syakŭ.*
Thermomètre — *Kan-dan-kei.*
Baromètre — *Sei-u-kei.*
Microscope — *Kem-bi-kyau*
Lunettes — *Me-gane.*
Télescope — *Too-me-gane.*
Carte (géographique) — *Ti-dŭ, ye-du.*
Dictionnaire — *Zi-biki, Zi-syo.*
Registre — *Tyau.*

XIV.

Arc — *Yŭmi.*
Flèche — *Ya.*
Lance — *Yari.*
Sabre — *Katana.*
Canon — *Tep-pau.*
Fusil — *Tep-pau.*
Pistolet — *Tane-ga sima.*
Drapeau — *Hata.*
Casque — *Kabuto.*
Cuirasse — *Yoroi.*

XV.

Vaisseau — *Fune.*
Barque — *Ko-bune.*
Ancre — *Ikari.*
Mât — *Ho-basira.*
Voile — *Ho, sau.*
Cordages — *Tŭna, nawa.*
Gouvernail — *Kazi.*
Pont d'un navire — *Kam-pan.*
Cabine — *Fune-no he-ya.*
Machine à vapeur — *Riu-dô-sui.*

XVI.

Aliments — *Tabe-mono.*
Viande — *Niku.*
Sauce (japonaise) — *Syau-yû.*
Soupe, bouillon — *Siru.*
Bœuf — *Usi-no niku.*
Veau — *Ko-usi-no niku.*
Mouton — *Men-yau-no niku.*
Porc — *Buta-no niku.*
Poisson — *Sakana, uwo.*
Huître — *Kaki.*
Œuf — *Tamago.*

XVII.

Riz — *Mesi.*
Thé — *Tya.*
Vin japonais — *Sake.*

Vin de raisin — *Bu-dau syu.*
Bière — *Bakŭ-syu, bîrŭ.*
Eau — *Midŭ.*
Huile — *Abura.*
Vinaigre — *Sû.*
Sel — *Siwo.*
Sucre — *Sa-tau.*

XVIII.

Légumes — *Ya-sai.*
Haricot — *In-gen mame.*
Pomme de terre — *Zyaga-tara imo.*
Miel — *Miti.*
Fruit — *Kudamono.*
Prune — *Mŭme.*
Abricot — *Anzŭ.*
Cerise — *Sakura-no mi.*
Orange — *Mi-kan.*
Moutarde — *Karasi.*

XIX.

Plat — *Sara.*
Bouteille — *Tokuri.*
Couteau — *Ko-gatana.*
Bâtonnet — *Hasi.*
Cuiller — *Sasi.*
Tasse — *Wan.*
Gâteau — *Kasi.*
Tabac — *Tabako.*
Cigare — *Maki-tabako.*
Pipe — *Kiseru.*

XX.

Boutique — *Mise.*
Marchand — *Akindo.*
Charpentier — *Dai-ku.*
Serrurier — *Kadi-ya.*
Peintre — *E-si, e-kaki.*
Joaillier — *Tama-ya.*
Armurier — *Bu-gu-si.*
Papetier — *Kami-ya.*
Libraire — *Hon-ya.*
Barbier — *Kami-yŭi.*

XXI.

Artisan — *Syokŭ-nin.*
Cocher — *Gyo-sya.*
Pêcheur — *Tŭri-si.*
Chasseur — *Kariudo.*
Musicien — *Hayasi-kata.*
Comédien — *Yakŭ-sya.*
Danseur — *Odori-ko.*
Imprimeur — *Han-sŭri.*
Voyageur — *Tabi-bito.*
Facteur de la poste — *Hi-kyakŭ.*

XXII.

Peuple — *Tami.*
Paysan — *Hyakŭ-syau, nô-fu.*
Etranger — *G'ai-kokŭ zin.*
Insurgé — *Mu-hon nin.*
Voleur — *Nusŭ-bito.*
Courtisane — *Dyo-ro.*
Prêtre — *Bôzŭ.*
Professeur — *Sen-sei.*
Interprète — *Tû-zi.*
Elève — *De-si, syo-sei.*

XXIII.

Chose — *Mono.*
Affaire — *Koto.*
Argent (monnaie) — *Zeni.*
Poids — *Me-kata.*

Mesure — *Mono-sasi.*
Année — *Tosi.*
Printemps — *Haru.*
Eté — *Natŭ.*
Automne — *Aki.*
Hiver — *Fuyu.*

XXIV.

Temps — *Toki.*
Mois — *Tŭki.*
Jour — *Hi.*
Matin — *Asa.*
Midi — *Ma-hiru.*
Après-midi — *Ma-hiru-go.*
Soir — *Ban.*
Nuit — *Ya, yo.*
Heure — *Toki, zi.*
Demi-heure — *Han-toki.*

XXV.

Couleur — *Iro.*
Rouge — *Akai-iro.*
Bleu (de ciel) — *Sora-no-iro, asa-gi.*
Vert — *Awoi, midori.*
Jaune — *Ki-iro.*
Violet — *Murasaki-iro.*
Gris — *Nedŭmi-iro.*
Noir — *Kuro.*
Blanc — *Siro.*

XXVI.

Animal — *Kedamono.*
Lion — *Si-si.*
Tigre — *Tora.*
Ours — *Kuma.*
Cheval — *Mŭma.*
Ane — *Rô-ba.*
Chèvre — *Hitŭzi.*
Chien — *Inu.*
Chat — *Neko.*
Singe — *Saru.*

XXVII.

Oiseau — *Tori.*
Coq — *On-dori.*
Poule — *Men-dori.*
Faisan — *Kizi.*
Faucon — *Taka.*
Dragon — *Tatŭ.*
Tortue — *Kame.*
Serpent — *Ebi.*
Ver — *Musi.*
Ver à soie — *Kaiko.*

XXVIII.

Arbre — *Ki.*
Plante — *Kusa.*
Fleur — *Hána.*
Feuille — *Ha.*
Ecorce — *Kawa.*
Gazon — *Siba.*
Bambou — *Take.*
Graine — *Tane.*
Paille — *Wara.*
Melon — *Uri.*

XXIX.

Orge — *Mugi.*
Blé — *Ko-mugi.*
Navet — *Kabura.*
Carotte — *Nin-zin.*
Oignon — *Negi.*
Ail — *Nin-niku.*
Patate — *Imo.*
Champignon — *Matŭ-dake.*

Mûrier — *Kuwa-no ki.*
Coton — *Wata.*

XXX.

Métal — *Kane.*
Or — *Kin.*
Argent — *Gin.*
Cuivre — *Aka-gane.*
Fer — *Tetŭ.*
Mercure — *Midŭ-kane.*
Gemme — *Tama.*
Diamant — *Kon-gau seki.*
Cristal de roche — *Sui-syau.*
Soufre — *Iwau.*

VOCABULAIRE

FRANÇAIS-JAPONAIS

PAR ORDRE ALPHABÉTIQUE

des mots renfermés

DANS

LE RECUEIL DE THÈMES

ABRÉVIATIONS EMPLOYÉES DANS CE VOCABULAIRE :

Adj.	Adjectif.	S.	Substantif.
Adv.	Adverbe.	Sing.	Singulier.
C.	Conjonction.	V.	Verbe.
F.	Féminin.	V. a.	Verbe actif.
Int.	Interjection.	V. p.	Verbe passif.
M.	Masculin.	V. pr.	Verbe pronominal.
N.	Numération.	V. n.	Verbe neutre.
Pl.	Pluriel.	V. i.	Verbe impersonnel.
Pr.	Pronom.	*	Mot sinico-japonais.
Pp.	Postposition.		

A.

Abaque, s. m., *soroban*.

Abeille, s. f., *hati*.

Abord (d'), adv., *mae-ni*, *saki-ni*.

Abricot, s. m., *anzŭ*.

A cause de, *yŭye-ni*, *yotte*.

Acclamer, v. a., *homeru*, *koyewo agete homeru*.

Accompagner, v. a., *is-syo-ni yuku*, *tŭreru*. || Veuillez m'—, *watakŭsiwo o tŭre nasai-masi*. || Le gouverneur est — par trois soldats, *bu-gyau-va san nin-no hei-sotŭwo tŭre-masŭ* (à l'actif, on ne peut pas dire *tŭrare-masŭ*).

Acheter, v. a., *ka'u*. || — bon marché, *yasŭku ka'u*.

Adresse, s. f., *tokoro-gaki*.

Affaire, s. f., *koto*, *si-goto*.
Afin que, *tame-ni*, *yŭye-ni*.
Agneau, s. m., *ko-men-yau*.
Agriculteur, s. m., *hyakŭ-syau**.
Aider, v. a., *tasŭku*.
Ail, s. f., *nin-niku*.
Aimable, adj., *airasii*.
Aimer, v. a., *konomu*, *sŭku*, *aï-suru*.
Ainsi, c., *ka-yau-ni*.
Aisément, adv., *tayasŭku*, *yokŭ*, *yasasiu*.
Aller, v. n., *ikŭ* (pour *yukŭ*), *yuku*, *mairu*.
Allumette, s. f., *haya-tŭke-gi*.
Almanach, s. m., *koyomi*.
Alors, adv., *sono toki* (à ce moment); — *sa-yau-naraba* (s'il en est ainsi).
Amant, s. m., amante, s. f., *koî-bito*.
Ambassadeur, s. m., *si-setŭ*, *si-sya*.
Ami, s. m., *tomo-dati*, *hô-yû**.
Amuser (s'), v. pr., *nagusamu*. || v. a., — un enfant, *kodomowo nagusameru*.
Ane, s. m., *rô-ba**, *usagi-mŭma*.
Animal, s. m., *kedamono*.
Année, s. f., *tosi*, *nen**.
Appeler, v. a., *yobu*. || Comment vous appelez-vous ? *anata-no o-nawa nan-to ossyai-masŭ ka?*
Apporter, v. a., *motte-kuru*.
Apprendre, v. a., *manabu*. || — une leçon, *nikk'awo manabu* || — des nouvelles, *otodŭrewo siru*. || — à ses dépens, *gakŭ-mon-ni naru*.
Après, adv., *noti*.
Après-demain, adv., *myau-go-niti*.
Approuver, v. a., *yosi-to-sŭ*. || — un traité, *dyô-yakŭ-wo yosi to sŭ*.
Arbre, s. m., *ki*.
Arc, s. m., *yŭmi*.
Argent (métal), s. m., *gin*. — (monnaie) *kane*, — (petite monnaie), *zeni*.
Armurier, s. m., *bu-gu-ya**, *bu-gu-si**.
Assez, adv., *zyû-bun*. || — de riz, *zyû-bun-no kome*.
Astronome, s. m., *ten-mon-sya*.
Astronomie, s., *ten-mon-gakŭ*.
Attendre, v. a., *matŭ*. || Il s'attend à partir, *syŭttatŭ-wo matŭ*.
Aucun, pr., *dare-mo*, avec un verbe négatif.
Aujourd'hui, adv., *kon-niti*.
Aussi, c., *mo*, *narabini*. || J'en ai —, *watakŭsi-mo motte masŭ*. || Il est — grand que moi, *kare-wa ano hitoto onazi kurai ohoki*.
Automne, s. m., *aki*.
Autre, pr., *hoka*, *betŭ**.
Avant, adv., *mae*.
Avant-hier, adv., *is-sakŭ-zi-tŭ*.
Avoir, v. a., *motŭ*.
Avouer, v. a., (volontairement), *sange-sŭru*; (de force), *hakŭ-zyau sŭru*.

B.

Balai, s. m., *hô-ki**.
Bambou, s. m., *take*.

Barbe, s. f., *hige.*
Barbier, s. m. (coiffeur), *kamiy-ŭi.*
Baromètre. s. m., *sei-u-kei*.*
Bas, *sita.* || Au —, *sita-ni.* || Parler —, *sidŭka-ni hanasŭ.* || Du haut en — de l'arbre, *ki-no sita-kara uyeni.* || Regarder quelqu'un de haut en —, *anadori-miru.*
Bâtir, v. a., *tateru.*
Bâtonnets (pour prendre les aliments), s., *hasi.*
Battre, v. a., *utŭ.*
Beau, adj., *utŭkusii.*
Beaucoup, adv., *takŭ-san**, *ohokŭ*, *yoppodo; sikiri-ni* (constamment).
Besoin, s. m., *iri-yô.* || Il est dans le —, *bim-bô de gozai masŭ.* || Je n'ai pas — de dire cela, *watakŭsi-wa sore-wo i'u-ni-wa oyoba-nai.*
Bibliothèque, s. f., *bun-ko*.*
Bien, adv., *yokŭ.* || Il faut faire le —, *yoki koto-wo seneba naranu.* || Ce n'est pas —, *sore-wa yokŭ-nai.* || Bien que, voy. Quoique.
Bière, s. f., *mugi-sake.*
Blâmer, v. a., *togameru.* || — la guerre, *ikŭsa-wo yokŭ-nai to omoi-masŭ.* || — les actions du soldat, *hei-sotŭ-no okonaiwo togameru.*
Blanc, adj., *siroi.*
Blancheur, s., *sirosa.*
Blé (orge), s. m., *mugi.*
Bleu, adj., *asa-gi*, *sora-iro.*
Bœuf, s. m., *usi* ; — viande de bœuf, *usi-no nikŭ.*
Boire, v. a., *nomu.*
Boîte, s. f., *hako.* || — a thé, *tya-bako.*
Bois, s. m., *ki.* || Une planche de —, *ita.*
Bois à brûler, s. m., *maki*, *taki-gi.*
Bon, adj., *yoi.*
Bonté, s. f., *sin-setŭ **, *zin ** (humanité). || De grâce, ayez la — de m'expliquer le sens de ce mot, *nanitozo, watakŭsi-ni kono kotoba-no imiwo toki-akasite kudasai-masi.*
Bord, s. m., *waki.* || Le — d'un fleuve, *kawa-no kisi.* || Sur le — de la table, *tŭkuye-no waki-ni.*
Bouche, s. f., *kuti.*
Bouddha, s. m., *Hotoke.*
Bouddhiste, s. m., *Butŭkyau-sin-zya.*
Boussole, s. f., *zi-syakŭ*.*
Bout de (au), *owari-ni*, *utini.* || — d'une année, *iti nen-no noti-ni.*
Bouteille, s. f., *tokŭri.* || — de vin japonais, *saka-dokŭri* (prononcez : *saka-dokkuri*).
Boutique, s. f., *mise.*
Bras, s. m., *ude.*

C.

Cacher, v. a., *kakŭsu.* || v. pr.. se —, *kakŭreru.* || Cette fille se cache de son père. *kono musŭme-wa oya-di-ni kakŭre-masŭ.*
Cachet, s. m., *in-gyô **, *han **.
Caisse, s. f., *hako.*

Campagne, s. f., *inaka*. || Maison de —, *bes-sau**.
Canard, s. m., *a'iru*.
Canun, s. m., *isibiya* (pour envoyer des pierres) ; *oho-dŭtŭ*.
Cap., s. m., *saki*.
Capitale, s. f., *miyako*, *kyau-to**.
Caractère (de l'écriture), s. m., *kana* (japonais) ; — *zi** (chinois). || — (d'une personne), *sei-sitŭ* || Mauvais —, *warui sei-sitŭ*.
Carotte, s. f., *nin-zin*.
Carpe, s. f., *koi*.
Carte géographique, s. f., *yedŭ*, *ti-dŭ*.
Cause, s. f., *yŭye* ; || à —, *yŭye-ni*.
Ce, cet, cette, pr., *kono*, *sono*, *ano*. || Ce à quoi, ceci, cela, pr., *kore*, *sore*, *are*.
Cela, *sore-va*.
Cent, n., *hyakŭ*.
Cerise, s. f., *sakŭra-no mi*.
Certes, *tasika-ni*.
Cesser, v. a., *yameru*. || — de parler, *hanasiwo yameru*. || — de vivre, *sinuru*.
Chair, s. f., *nikŭ*.
Chaise, s. f., *isŭ*, *kyokŭ-rokŭ**, *kosi-kake*.
Chambre, s. f., *he-ya*. || — à coucher, *ne-ma*.
Champ, s. m., *hata*. || — de bataille, *sen-dyau*. || — de mûriers, *kuwa-bata*.
Chandelier, s. m., *syokŭ-dai**.
Changer, v. a., *kayeru*. || — de l'argent, *kanewo kayeru*. || — de mine, *iro-wo kayeru*. || — de route, *mitiwo kayeru*. || — d'opinion, *kangaiwo kayeru*. || — de maison, *iye-wo kayeru*.
Chanson, s. m., *uta*.
Chapeau, s. m., *bau-si**.
Charbon de bois, s. m., *sŭmi*.
Charbon de terre, s. m., *seki-tan**.
Charmé (être), v. p., *mitoreru*. || Charmer un serpent, *ebi-wo narasŭ*. || Les femmes sont charmées de me voir, *onna-wa watakŭsi-ni mitorete ori-masŭ*.
Charpentier, s. m., *dai-ku*.
Chat, s. m., *neko*. || Chatte, *me-neko*.
Chemin, s. m., *miti*.
Chemise, s. f., *zyŭ-ban**.
Cher, adj. (coûteux), *takai*.
Cheval, s. m., *mŭma* || monter à —, *mŭma-ni noru*.
Cheveu s. m., *ke*, *kami-no ke*.
Chèvre, s. f., *hitŭzi*.
Chez, pp., *uti-ni*.
Chien, s. m., *inu*. || Chienne, *me-inu*.
Chine, s. f., *Sina*, *Kara*, *Morokosi*.
Chose, s. f., *koto*, *mono*. (Voy. affaire). || Ce n'est pas grand' —, *ohokina koto de-va nai*. || J'ai bien des — à vous dire, *watakŭsi-va anata-ni iro-iro mausi-age-tai koto-ga gozai-masŭ*.
Ciel, s. m., *ten**. — *sora* (firmament); *ten-ki** (l'air, la température).
Cigare, s. m., *maki-tabako*.
Cinq, n., *go**, *itŭtŭ*.
Clair., adj., *kir aaka-naru*. ||

Une chambre —, *akarui-he-ya*. || Vos paroles ne sont pas —, *anata-no hanasi-va wakaranaï*.
Cocher, s. m., *gyo-sya**.
Cœur, s. m., *kokoro*. || Mal de —, *sin-no zô-no byau-ki*.
Coin, s. m., *sûmi*.
Colère, s. f., *ikari*. || Etre en —, *ikaru*.
Combattre, v. a., *tataka'u, kassen-sŭru*.
Combien, adv. || Voy. la *Grammaire*.
Commander., v. a., *i'i-tŭ-keru, sasidŭwo sŭru*.
Comme, *tôri-ni, gotokŭ, yau*.
Comprendre, v. a., *wakaru*.
Connaître (quelqu'un), v. a., *siru*. || — (quelque chose), *kokoro-yeru*. || — un délit, *zai-kawo sagasŭ*. || — de vue, *mi-siru*.
Conseil, s. m., *sŭsŭme*. || Bon —, *yoki sŭsŭme*.
Construire, v. a., *tateru*. || Faire —, *tŭkuraseru*.
Content (être), *yorokobu*. || Contenter quelqu'un, *hito-wo yorokobasŭ*.
Contraire (au), adv., *atira-kotira*.
Copier, v. a., *utŭsŭ*.
Coq, s. m., *on-dori*.
Coton, s. m., *mo-men*.
Coucher (se), v. pr., *neru* (se mettre au lit); coucher un enfant, *kodomowo nekasŭ*.
Coucou, s. m., *hototo-gisŭ*.
Couleur, s. f., *iro*.
Couper, v. a., *kiru*. || — court à une conversation, *hanasi-wo kaeru* (passer à un autre sujet).
Courant, s.m., *nagare-kawa* || Au haut du —, *kawa-kami-ni*. || Dans le — du jour, *hi-no uti-ni*.
Courir, v. n., *hasiru*.
Courtisane, s. f., *zyô-rô* (prononcez : *djô-rô*).
Couteau, s. m., *ko-gatana*.
Craindre, v. a., *osoreru*. || Je crains de vous ennuyer, *watakŭsi-wa anata-ga tai-kutŭ darô to omoi-masŭ*.
Cristal de roche, s. m., *sui-syau*.
Cuiller, s. f., *zasi*.
Cuirasse, s. f., *mŭne-ate, yoroï* (couvrant le corps).
Cuivre, s. m., *aka-gane*.

D.

Damas, s. m. (étoffe de soie), *donsŭ*.
Dans, adv., *ni, naka-ni, uti-ni*.
Danseur, s. m., *odori-si*.
Danseuse, s. f., *odori-ko*.
Davantage, adv., *yokei, ri-yeki*. || Donnez-m'en —, *yo-kei-ni kudasai*.
Dehors, adv., *soto-ni*.
Demain, adv., *myau-niti*.
Demi, *han**. || Une demie, *han-ban**. || Une heure et demie, *iti-zi-han*.
Demeurer, v. n., *sŭma'u*.
Dent, s. f., *ha*.
Dépenser, v. a., *tŭiyasŭ*. || — ses forces, *tikara-wo tŭkusŭ*.
Derrière, adv., *usiro*.
Désaltérer, v. a., *kawaki-wo tomeru*.
Désirer, v. a., *nega'u, hossŭ, takŭ-omô*.
Dessus, adv., *kami-ni*.

Détester, v. a., *nikŭmu, kira'ŭ.*
Deux, n. d. n., *ni*, fŭtatŭ.*
Devant, adv., *mae.*
Devenir, v. a., *okosu, naru.* || — grand, *sei-tyau sŭru.* || Je ne sais pas ce qu'il devient, *watakŭsi-wa anohito-wa dô-naru ka sirimasenŭ.*
Deviner, v. a., *atete-miru.* || — à l'aide des auspices, *urana'u.*
Dévouer, v. pr., être dévoué au souverain, *tiugiwo tŭkusŭ;* — à ses parents, *kôkô-wo tŭkusŭ;* en général, *sin-zitŭwo tŭkusŭ.*
Diamant, s. m., *kon-gau-seki.*
Dictionnaire, s. m., *zi-biki*, zi-syo*.*
Différer, *tiga'u.*
Dire, v. a., *hanasŭ, danziru, i'u, mausŭ.* || Je ne sais que —, *watakŭsi-wa nanto itte yoi-ka siri-masenŭ.* || A vrai —, *makoto-ni.*
Distribuer, v. a., *hodokosŭ.*
Dix, n. d. n., *zyû*, towo.*
Doigt, s. m., *yŭbi.* || A deux — de la mort, *sinuru magi wa.*
Domestique, s. m., *ke-rai*.*
Donner, v. a., *yaru, atayeru, kureru, ageru, kudazaru.* || Un décret donné cette année, *ko-tosi-no go-sata.*
Dormir, v. n., *nemuru.* || Endormir, *nemurasŭ.*
Dos, s. m., *senaka.*
Double, *futa-ye, futa-tôri, ni-bai*.*
Doublure, *ura.*
Doucement, adv., *sotto, sidŭka-ni.*
Douter, v. q., *utaga'u.*
Doux, adj., *yawaraka.*
Dragon, s. m., *tatŭ, riu*.*
Drapeau, s. m., *hata.*
Drogue, s. m., *kusŭri.*

E.

Eau, s. f., *midŭ.*
Ecorce, s. f., *kawa.*
Ecrire, v. a., *kaku.*
Ecriture, s. f., *kaki-mono, kaki-tŭke.*
Effacer, v. a., *kesŭ.*
Effrayer, v. a., *osoreru.*
Egalement, adv., *mo.*
Eh bien ! *son naraba.*
Elégance, s. f., *bi-reï*.*
Elève, s. m., *de-si, syau-sei*.*
Elle, pr. f., *ano onna.*
Empêcher, v. a., *fusegu, samatageru.*
Empereur, s. m , *mikado, ten-si*.*
Empire, s. m., *ten-ka*.*
Emplettes, s. f., *kai-mono.*
En, pp., *ni, naka-ni.*
En, pr., *sorewo.*
Encore, adv., *mada, nawo, mo.*
Encre, s. m., *sŭmi.*
Enfant, s. m., *ko-domo.*
Ennemi, s. m., *teki.*
Enseigner, v. a., *osiyeru.*
Ensemble, adv., *tomo-ni, issyo-ni.*
Ensuite, adv , *sore kara.*
Entendre, v. a., *kiku.*
Entièrement, adv., *mattaku.*
Entrer, v. n., *iru, hairu, agaru.*

Enveloppe de lettre, *syo-kan bukuro.*

Envoyer, v. a., *yaru, tŭkawasŭ.* || — à la recherche de quelqu'un, *aru hitowo sagasi-ni yaru.* || — acheter de la soie, *kinu-wo kai-ni yaru.*

Epais, adj. *atŭi, sigei, fŭtoi.*

Epaisseur, s. f., *atŭsa.*

Epaule, s. m., *kata.*

Epoque, s. m., *toki.*

Estomac, s. m., *i-bukuro.*

Et, c., *to, mata.*

Etain, s. m., *sŭdŭ.*

Eté, s. m., *natŭ.*

Etoile, s. f., *hosi.* || Vous êtes ma bonne —, *anata-wa watakŭsi-no fukŭ-no kami-de gozai-masŭ* (loc. pop.).

Etranger, s. m., *gai-kokŭ-zin**.

Etre, v. s., *aru, gozaru;* (demeurer), *oru.*

Etroit, adj., *semai.* || Il a un esprit —, *semai ryo-kenwo moti-masŭ.*

Etude, s. f., *manabi, keï-ko**.

Etudier, v. a., *manabu, nara'u.*

Eventail, s. m., *ôgi.*

Eviter. v. a., *sakeru.* || J'évite de parler français, *watakŭsi-wa fransŭ go de hanasŭ-koto-wo sake-masu.*

Exactement, adv., *tyau-do**, *kitto.*

Excuser, v. a., *yurusŭ.* || Excusez-moi, *go-men kudasai.*

Expliquer, v. a., *ge sŭru.*

Extrêmement, adv., *hanahada, si-gokŭ, iti-ban.*

Eux, pr. m., *ano hito-tati.*

F.

Fabricant de paniers, *zaru-wo kosirayeru hito.*

Fabricant de porcelaine, *seto-mono-si.*

Fabriquer, *tŭkuru, kosira-yeru.*

Fâcher (se), v. pr., *ikaru.* || Est-il fâché? *kare-wa okotte ori-masŭ ka?*

Faible, adj., *yowai.*

Faim, s. f., *himo-zi* (affamé). || J'ai —, *watakŭsi-wa himo-zyû gozai-masŭ.*

Faire, v. a., *tŭkuru, kosira-yeru, sŭru, itasŭ.* || — une maison, *iyewo tatŭ.*

Faisan, s. m., *kizi.*

Falloir, v. irr., se rend à l'aide du mot *ze-hi* (oui ou non) et un double négatif (Voy. la *Grammaire*).

Falsifier, *mazeru* (mélanger).

Fatiguer, v. a., *tŭkasarŭ.* || Etre fatigué, *tŭkareru.* || — quelqu'un, *hito-wo tŭkurasŭ.*

Faucon, s. m., *taka.*

Flèche, s. f., *ya.*

Femme, s. f., *onna, nyo-bo.* || — épouse, *tŭma.* || Une dame, *okŭ-sama.*

Fenêtre, s. f., *syau-zi**, *mado.* || Jeter par la —, *mado-kara nageru.*

Fer, s. f., *tetŭ.*

Fermer, v. a., *simeru, tateru, todiru.* || — les issues, *degutiwo fusagu.*

Feuille d'arbre, s. f., *ha, ki-no ha.*

Fil, s. m., *ito.* || Le — du discours, *hanasi-no tŭdŭki.*

Fille, s. f., *musŭ-me*. || — de joie, *dyau-rau*.
Fils, s. m., *musŭ-ko*.
Fin, adj., *hosoi*, *komaka*. || Pluie fine, *komaka ame*.
Finir, v. a., *owaru*, *sima'u*. || Il faut en —, avec l'ennemi, *teki-wo minagorosi-ni seneba naranu* (exterminer).
Fleur, s. f., *hána*. || Cette jeune fille est la — de son village, *kono musŭme-wa sono mura-no hána da*, ou *hána de gozari-masŭ*.
Fois, s. f., *tabi*. — Une fois, *hito tabi*.
Foule, s. f., *tai-zei*, *oho-zei*. || Les marchands viennent en —, *akindo-wa oho-zei-de mairi-masŭ*.
Force, s. f., *tŭyosa*, *tikara*.
Forêt, s. f., *mori*.
Fort, adj., *tŭyoi*. || Ce n'est pas —, *medŭrasii mono de gozai-masenŭ*.
Fort, adv., *hanahada*.
Fortement, adv., *tŭyokŭ*.
Fou, s. m., *baka*, *sire-mono*.
Fourchette (bâtonnets), *nikusasi*, *hoko*.
France, s. f., *Fransŭ-no kuni*.
Frère aîné, s. m., *ani*.
Frère cadet, s. m., *otôto*.
Frères, s. m., *kyau-dai*.
Fruit, s. m., *kudamono*. || Etudier sans —, *mu-yeki-ni manabu*.
Fumer le tabac, v. a., *tabako-nomu*.
Fusil, s. m., *tep-pau*.

G.

Gagner, v. a., *mokeru* || J'ai gagné une partie, *watakŭsi-wa hito syô-bu kati-masita*. || J'ai gagné beaucoup d'argent, *watakŭsi-wa takŭ-san kanewo môke-masita*.
Gant, s. m., *te-bukuro*.
Gâteau, s. m., *moti*.
Gemme, s. f., *tama*.
Gloire, s. f., *kô-myau**.
Goût, s. m., *adiwai* || Un homme de —, *adiwai-no aru hito*.
Gouverneur, s. m., *bu-gyau*.
Grain, s. m., *tŭbu*.
Graine, s. f., *tane*.
Grand, adj., *ohoki*.
Grandeur, s. f., *ohokisa*.
Graver, v. a., *horu*. || Se — dans la mémoire, *oboyete iru*.
Guerre, s. f., *ikŭsa*.

H.

Habit, s. m., *ki-mono*.
Habiter, v. a., *oru*, *sŭma'u*. || Il habite cette maison, *kono iye-ni sŭmai-masŭ*.
Haricots, s. m., *in-gin mame* (prononc. *in-gèn*).
Haut, adj., *takai* || Il me regarde du — de sa grandeur, *ano hito-wa watakŭsiwo sita-ni mi-masŭ*. || Au — du couraut, *kawa-kami-ni*.
Hauteur, s. f., *takasa*.
Hélas! int., *sate*.

Héritier présomptif du trône, s. m., *tai-si**.
Heure, s. f., *toki*, *zi**. || De bonne —, *hayakŭ*.
Hier, adv., *sakŭ-zitŭ*.
Histoire, s. f., *reki-si**, *mono-gatari*.
Hiver, s. m., *fuyu*.
Homme, s. m., *hito*, *otoko*.
Huile, s. f., *abŭra*.
Huit, n., *hati*. || 8 fois 8 font 64, *happa rokŭ-zyû-si**.
Huître, s. f., *kaki*.
Humble, adj., *ken-son-na*. || Dans mon — opinion, *watakŭsi-no tŭtanai ryô-ken-ni*.

I.

Ici, adv., *koko-ni*.
Idée, s. f., *omoi*, *kangai*. || Une mauvaise —, *warui kangai* || Un homme sans —, *ryô-ken-no nai hito*. || Quelle — avez-vous? *dô i'u ryô-kenwo o-moti nazaru ka?*
Ignorer, v. a., *siranu* (ne pas savoir); — *wakaranu* (ne pas comprendre).
Ile, s. f., *sima*.
Impératrice, s. f., *kisaki*.
Imprimer, v. a., *han-ni okosŭ*, *han-ni sŭru*, *sŭru*.
Indiquer, v. a., *miseru*, *sira-seru*, *yŭbi-sasŭ*. || Indiquez-moi la route, *mitiwo osiyete kudasai*.
Insurgé, s. m., *mu-hon nin*.
Intérieur, s. m., *uti*.
Interprète, s. m., *tû-zi*.
Interroger, v. a., *tô*, *tadŭneru*.
Inventer, v. a., *takumŭ*, *kufu-sŭru*. || Il a inventé une nouvelle étoffe, *ano hito-wa atarasii kire-wo kufu si-masita*.
Inviter, v. a., *yobu*, *syau-dai sŭru*. || Etre invité, *yobareru*. || Il m'a invité à dîner chez lui, *watakŭsiwo kare-no uti-ni syokŭ-zi-ni yobi-masita*.

J.

Jadis, adv., *inisiye*.
Jamais, adv., *kessite*.
Jambe, s. f., *asi*.
Japon, s. m., *Nippon*, *Nippon-kokŭ*, *Yamato-no kuni*.
Japonais, s. m., *Nippoñ-no hito*.
Jardin, s. m., *sono*, *niwa*.
Jaune, s. m., *ki-iro*.
Jeter, v. a., *nageru*. || — par la fenêtre, *mado-kara nageru*.
Jeune, adj., *wakai*; enfant, *osanai*, *itokenai*.
Joaillier, s. m., *kazari-ya*, *tama-ya*, *tama-zai-ku-ya*, *tama-zai-ku-si*.
Joli, adj., *kirei*, *utŭkusii*.
Jour, s. m., *hi*, *niti*. || Un certain, —, *aru hi*. || Bon —, *kon-niti wa*. || Tous les —, *niti-niti*. || Chaque — *mai niti*. || Le point du —, *yo-wake*.
Jusque, adv., *made*.

L.

Là, adv., *soko*. || De —, *soko-kara*.
Laine, s. f., *ke-ori*.
Lampe (espèce de veilleuse économique, s. f., *andon*.
Lance, s. f., *yari*.
Lancer, *nageru*. || — une flèche, *yawo iru*. || — une pierre, *isi-wo nageru* (jeter).
Langue, s. f. || Voy. Langage.
Langage, s. m., *kotoba*, *go**.
Large, adj., *hiroi*. || Prendre le —(en mer), *umi-ni deru*.
Laver, v. a., *ara'u*. || C'est une faute dont il n'a pas pu se —, *sore-wa nawosŭ koto-no deki-nai ayamati da*.
Leçon, s. f., *nik-k'a* *.
Légume, s. m., *awo-mono*, *yasai*.
Lettre (billet), *te-gami*.
Leur, pr., *ano hito-tati-no*.
Libraire, s, m., *hon-ya*.
Lier, v. a., *maku*. || Il est lié d'amitié avec moi, *kare-wa watakŭsi-to hanahada nen-goro de gozai-masŭ*.
Lieu, s. m., *tokoro*. || — d'aisance, *setŭ-in** (*sets'in*), *ben-zyo* *.
Lièvre, s. m., *usagi*.
Lion, s. m., *sisi*.
Lire, v. a., *yomu*.
Lit, s. m., *ne-doko*.
Livre, s. m., *syo-motŭ**, *hon**.
Livre, s. f., *kin* *.
Long, adj., *nagai*.
Longueur, s. f., *nagasa*.
Longtemps, adv., *hisasiku* *.
Louer (faire l'éloge), v. a., *homeru*. || — le courage, *yû-kiwo omeru*.
Loup, s. m., *oho-kami*.
Lui, pr., *ano hito*.
Lune, s. f., *tŭki-getŭ*.
Lunettes, s. f., *me-gane*.

M.

Maçon, s. m., *isi-ya* || Voy. Charpentier.
Main, s. f., *te*.
Main de papier (une), s. f., *iti dyau-no kami*.
Maintenant, adv., *ima*, *tada-ima*.
Mais, conj., *sikasi*, *tada*, *tadasi*.
Maison, s. f., *uti*, *iye*.
Mal, adv., *warû*.
Mal, s. m., *warui-koto*, *byau-ki**. || J'ai — à la tête, *watakŭsi-wa dû-tu-ga itasi-masŭ*.
Malade, adj., *fu-k'aï* *, *byau-ki* *.
Maladie, s. f., *byau-ki* *, *yamai*. || Symptômes d'une —, *byau-syau* *.
Malheureux, adj., *fu-sai-wai*.
Manger, v. a., *taberu*, *kû*, *kura'u*, *syokŭ-sŭru*.
Manteau, s. m., *uwagi*.
Marchand, s. m., *akindo*, *syau-nin* *.
Marchand de tabac, s. m., *tabako-ya*.
Marchand de vin, s. m., *saka-ya*.
Marin, s. m., *sen-dô**, *sui-fu**.
Mât (de vaisseau), s. m., *ho-basira*.

Matelas, s. m., *futon.*
Matériel de guerre, s. m., *bu-ki* *, *bu-gu* *.
Matin, s. m., *asa.*
Mauvais, adj. || Voy. Méchant.
Méchant, adj., *warui.*
Méchanceté, s. f., *warusa.*
Médecin, s. m., *ï-sya* *, *ï-si* *.
Meilleur, adj., *yori-yoi.*
Melon, s. m., *ma-küwa-uri.*
Mêler, v. a., *mazeru.*
Même, pr., *zi-sin* *; moi-même, *watakŭsi zi-sin* *; le même (semblable), *onazi-koto;* même (encore), *mo.*
Mémoire, s. f., *oboye.*
Mensonge, s. m., *uso, itŭ-wari.*
Mentir, v. n., *usowo tŭku, usowo i'u, itŭwaru.*
Mépriser, v. a., *iyasimeru, anadoru.*
Mer, s. f., *umi.* || La pleine —, *oki.*
Merci, *ari-gatau.*
Mercure, s. m., *midŭ-kané.*
Mère, s. f., *haha.* || Grand'—, *so-bo* *.
Mériter, v. a.
Merveilleux, adj., *medŭra-sii.*
Mesure, s. f., *mono-sasi.*
Métal, s. m., *kane.*
Mettre, v. a., *oku, ateru.* || — en garde, *oku.* || — de l'attention, *nenwo ireru.* || — une personne dans l'embarras, *hitowo komarase-ru.* || Ne mettez pas le nez dans mes affaires, *anata to deru maku de-va nai.* || Je me suis mis dans mon tort, *watakŭsi-no sita-koto-wa muri da.* || Je mets ce livre à sa place, *watakŭsi-wa kare-no kawari-ni kono hon-wo oki-masŭ.*
Meuble, s. m., *kazai* *.
Microscope, s. m., *kem-bi-kyau* *.
Miel, s. m., *mitŭ.*
Mieux, adv., *nawo yokŭ.* || Encore —, *mottomo.*
Milieu, s. m., *naka.*
Mille, n., *sen.*
Mince, adj., *hosoi.*
Mine, s. f., *kao.*
Ministre, s. m., *Dai-zin, ministorŭ.*
Miroir, s. m., *kagami.*
Moi, pr., *watakŭsi.*
Moins que, adv., *yori sŭku-nai.* || Être inférieur, *otoru.*
Mois, s. m., *tŭki, getŭ* *.
Moitié, s. f., *han-bun* *. || Voy. Demi.
Moment, s. m., *kata-toki, hen-si* *.
Mon, pr., *watakŭsi-no.*
Montagne, s. f., *yama.*
Monter, v. n., *agaru, noboru.*
Montre (horloge), s. f., *tokei.* || —(d'une boutique), *mise.*
Montrer, v. a., *miseru.* || Montrez-moi, *misete-kuda-sai* || — (pour exciter l'envie), *mise-birakasŭ.* || Ordonner de —, *mise-simeru.*
Mourir, v. n., *sinuru.* || — de peur, *odoroki-sinuru.*
Moutarde, s. f. (préparée), *karasi.*
Mouton, s. m., *men-yau* — Viande de —, *men yau-no nikŭ.*
Multiplier, v. a., *masŭ, fu-yasŭ.*
Mûrier, s. m., *kuva, kuva-no ki.*

Musicien, s. m., *hayasi-kata.*
Mutuellement, adv., *tagai-ni.*

N.

Naitre, v. n. || Voy. *Né.*
Natte, s. f., *musiro* (— grossière de paille); *tatami* (— fine qui se superpose sur la précédente).
Navet, s. m., *kabŭra.*
Né (être), v. p., *umareru.*
Nécessaire, *kan-yau.* || Une chose —, *kan-yau-na mono.*
Négliger, v., *okotaru, yu-dan** — *wo sŭru.*
Nettoyer, v. a., *sau-diwo sŭru.*
Neuf, n., *kiu*, kokonotŭ.*
Nez, s. m., *hana.*
Noirceur, s. f., *kurosa.*
Noir, adj., *kuroi.*
Noircir, v. a., *kuromeru, kurokŭ sŭru.*
Nom, s. m., *na, namaye, nanori.*
Nommer, v. a., *nadŭkeru, nawo tŭkeru.*
Non, c., *iiye.*
Nôtre, pr., *watakŭsi-domono.*
Nourriture, s. f., *tabe-mono, syokŭ-ryau*.*
Nourrir, v. a., *ka'u, tabesaseru.*
Nous, pr., *watakŭsi-domo.*
Nouveau (de), *ni-do-me, futatabi* (deux fois).
Nuage, s. m., *kumo.*
Nuit, s. f., *yoru.*
Nul, *dare-mo*, avec un négatif.

O.

Occidental, adj., *nisi-no, saikokŭ-no *.*
Odeur, s. f., *niwoi.*
Œil, s. m., *me, manako.* || Devant les yeux, *me-no maë-ni.*
Œuf, s. m., *tamago.* || Jaune d' —, *tamago-no kimi.* || Blanc d' —, *tamago no siromi.*
Ognon, s. m., *negi.*
Oiseau, s. m., *tori.*
Ongle, s. m., *tŭme.*
Onze, *zyû-iti *.*
Or, s. m., *kin *.*
Orange, s. f., *mi-kan *.*
Ordonner, v. a., *mei-dŭru, iitŭkeru.*
Oreille, s. f., *mimi.*
Orfèvre, s. f., *kin-zai-ku nin *.*
Orgueilleux, adj., *zi-man*.* || Être —, *zi-man* sŭru.* || Devenir —, *zi-man** — *wo okosŭ.*
Ou, c., *ka, aruiwa, matawa.*
Où, adv., *doko-ni.*
Oublier, v. a., *wasŭreru.*
Oui, *keï, sa-yau*.*
Ours, s. m., *kuma.*
Outre. || En —, *sono kota.*
Ouvrir, v. a., *hiraku, akeru.*

P.

Paille, s. f., *wara.*
Paix, s. f., *tai-hei*.*
Pantalon, s. m. — étroit, *momo-hiki.* — large, *hakama.*
Papier, s. m., *kami.*
Papetier, s. m., *kami-ya.*

Paravent, s. m., *byau-bu**.
Parce que, c., *ni yotte*, *kara*, *yŭye ni*.
Parcourir, v. a., *teru*, *mawaru*. || — un pays, *kuni-wo mawaru*. || — un livre, *syomotŭwo yomi-tosŭ*.
Pardessus, s. m., *uwa-gi*.
Parfum, s. m., *nivoi*, *kaori*, *nivô-mono*.
Parfumer, v. a., *kaoru*.
Parfumé, part., *nivotta*. || Fleur —, *nivô-hana*.
Parler, v. a., *hanasŭ*, *dan-sŭru*.
Parole, s. f., *kotoba*, *hanasi*. || Il m'a donné sa —, *kare-wa watakŭsi-ni yakŭ-sokŭ sita*. || Un homme sans —, *itŭwaru-hito*.
Partager, v. a., *wakeru*, *wakatŭ*.
Partir, v. n., *syŭt-tatŭ*-sŭru*. || — avec quelqu'un, *aru hito-to ideru*.
Patience, s. f., *kan-nin**, *sim-bau**.
Pauvre, s. m., *bim-bônin**.
Pauvre, adj., *wabisii*, *madŭsii*.
Payer, v. a., *hara'u*. — comptant, *gen-kin-ni hara'u*. || — une dette, *syak-kinwo hara'u*.
Pays, s. m., *kuni*.
Paysan, s. m., *hyak-syau**, *nô-min**.
Pêche (fruit), s. f., *momo*.
Pêcheur (de poissons), s. m., *tŭri-si*.
Peintre, s. m., *e-si**.
Peigne, s. m., *kusi*.
Pendule, s. f., *oki-tokei*.
Pensée, s. f., *mono-omoi*, *obosimesi**.
Penser, v. a., *omô*, *kangayeru*, *obosimesu*. || Je pense à vous, *anato-wo omoimasŭ*. || — constamment, *kokoro-dŭku*. || Il ne pense à rien, *kare-wa nani-mo kangai nai*.
Perdre, v. a., *naku-nasŭ*. || Il a perdu la tête, *kare-wa baka da*. || — courage, *tikarawo otosŭ*.
Père, s. m., *titi*.
Perdrix, s. f., *sigi*.
Personne, *dare-mo*, avec un verbe négatif.
Personne (une), *hito*, *hitori-no hito*.
Petit, s., *ko*, *kodomo*.
Petit, adj., *tiisai*.
Peu. || Un peu, *sŭkosi*.
Peuple, s. m., *tami*.
Peut-être, adv., *ta-bun**.
Pièce d'étoffe, s. f., *tam-mono*.
Pied, s. m., *asi*.
Pied (mesure), s. m., *syakŭ**.
Pierre, s. m., *isi*.
Pigeon, s. m., *hato*.
Pin, s. m., *matŭ*.
Pinceau, s. m., *fude*.
Pipe, s. f., *kiseru*.
Pistolet, s. m., *tane-ga-sima*.
Plaintif, adj., *kanasii*.
Plante, s. f., *kusa*. || La — du pied, *asi-no ura*.
Planter, v. a., *uyeru*.
Plat, s. m., *sara*.
Plomb, s. m., *namari*.
Pluie, s. f., *ame*. || Il pleut, *ame-ga furu*.
Plus (encore), *nawo*, *mada*. || plus (le), *iti ban**. || En — *sonouye*. || Je n'aime—cela, *watakusi-wa kore-wo mo*

sŭka-nai. || Un peu —, *mosŭkosi.* || D'autant —, *ivan-ya.* || Deux fois —, *ni-ban**, *yo-kei**.
Plus que, *yori ohoi.*
Poêle, s. m., *hi-bati* (brasier japonais), *rô**.
Poids, s. m., *me-kata.*
Poire, s. f., *nasi.*
Poirier, s. m., *nasi-no ki.*
Poisson, s. m., *sakana*, *uwo.*
Poitrine, s. f., *mŭne.*
Pomme, s. f., *ringo.*
Pomme de terre, s. f., *zyaga-tara-imo.*
Porc, s. m., *buta.* || Viande de —, *buta-no-niku.*
Port, s. m., *minato.*
Porte, s. f., *to*, *mon**.
Porter, v. a., *motŭ.* || Porter à la main, *sagerŭ.* || Porter sur l'épaule, *katugŭ.* || Porter sur le dos, *nina'u.* || Porter dans le sein, *daku.*
Portrait, s. m., *sya-sin.*
Poule, s. f., *men-dori.*
Pour, *tame*, *tame-ni.*
Pourquoi? *naze?* — C'est pourquoi, *kare-ga yŭye-ni.*
Pouvoir, v. a., *de-kiru.*
Premier, n., *dai-iti.*
Prendre, v. a., *toru.* || — congé, *itomagoi-sŭru.* || Prenez-garde, *abunaï.* || — part à une affaire, *nakama-ni naru.* || — plaisir à une lecture, *yonde nagusamu.* || — un loup pour un chien (par inadvertance), *ohokamiwo inu-to matiga'u* || — l'avis de son père, *titi-no ï-ken-wo kiku.* || — les ordres de l'empereur, *mikado-no go-rewo kiku.* || — un enfant avec soi, *kodomowo is-syo-ni tŭrete kuru.* || — parti pour son prince, *dai-myau-no mikata-wo sŭru.* || Il prend un gros intérêt (grand bénéfice), *kare-wa tai-riwo toru.* || Ce vaisseau prend le large, *kono fune-wa umi-ni deru.*
Près, adv., *tikaku*, *soba-ni.*
Presque, adv., *tai-tei**.
Présenter, v. a., *ageru.* || — quelqu'un à une personne, *hiki-awaseru.*
Présenter (se), v. pr., *ideru.*
Presser (hâter), v. a., *haya-meru.*
Presser, v. a., *osŭ*, *osi-tŭkeru.*
Prêtre (bouddhiste), s. m., *bôzŭ.*
Preuve, s. f., *syau-ko**.
Printemps, s. m., *haru.*
Professeur, s. m., *sen-sei**.
Profondément, adv., *fukakŭ.*
Promener (se), v. p., *syau-yau sŭru*, *aruku.*
Proposer, v. a., *kiku.* || Je vous propose de venir avec moi, *watakusi-wa anata-ni watakŭsi to o ide nazaru-ka-wo, o-tadŭne mausi masŭ.*
Prune, s. f., *mŭme.*
Proverbe, s. m., *kotowaza*, *tatoye.*
Puis, c., *sau-site*, *sore-kara.*
Punir, v. a., *tŭmi-sŭru*, *ko-rasu.*

Q.

Quand, adv., *itŭ*.
Quatre, n., *si. yotŭ*.
Quel, quelle, pr., *dono*.
Quelconque, adj., *nan-de-mo* (pour les choses), *dare-de-mo* (pour les personnes).
Quelque chose, s. m., *aru-mono, aru-koto*.
Questionner, v. a, *tô*, *tadŭneru*.
Qui? *dare? do-no hito?*
Quiconque, pr., *dare-de-mo*.
Quinze, n., *zyû-go* *.
Quoi? pr., *nani?*
Quoique, c., *tatoi*, *kere-domo*, *to iye-domo*.

R.

Raconter, v. a., *noberu*, *kataru*.
Raisin, s. m., *bu-dau**.
Raison, s. f., *yŭye* (cause); *dau-ri** (raisonnement). || Un homme sans —, *dau-ri-no nai-hito*.
Rasoir, s. m., *kamisori* (vulg. *kamizŭri*.)
Récompenser, v. a., *homeru*, *hobiseru*.
Reconnaître, v. a., *yokŭ-siru*.
Regard, s. m., *go ran* (employé sous la forme verbale). || Regardez, *go ran nasai*.
Régent, s. m., *go-tai-rau**.
Regarder, v. a., *miru*. || — en étant charmé, *myau-ritŭ*. (Voy. Regard.)
Regretter, v. a. (se repentir), *koyamu*. || Je regrette le temps que j'ai passé avec vous, *watakŭsi-wa anata-to hima-wo tŭbusita-koto-wo koyami-masŭ*.
Réjouir, v. a., *yorokobasŭ*.
Réjouir (se), v. pr., *yorokobu*.
Rembourser, v. a., *kai-sŭ*.
Remercier, v. a., *sya*-sŭru*, *rei*-wo i'u*.
Remettre, v. a., déposer entre les mains, *watasŭ*. || remettre en place, *modosŭ*.
Renard, s. m., *kitŭne*.
Rencontrer, v. a., *de-a'u*.
Rendre, v. a., *kayesŭ*. || — l'argent, *kanewo kayesŭ*. || — réponse, *hen-ziwo sŭru*.
Renommé, adj., *na-dakaki*.
Répondre, v. a., *kotayeru*, *hen-ziwo sŭru*.
Réputation, s. f., *hyau-ban*.
Rester, v. n., *todomaru*.
Retour, s. m., *modori*, *kaeri*,
Retourner, v. n., *modoru*, *kaeru*.
Revenir, v. n., *futa-tabi-maeru*. || Voy. Retourner.
Riche, adj., *kane-moti-no*. || Un homme riche, *kane-moti-no hito*.
Richesses, s. f. || de grandes —, *amata-no kane*.
Rien, *nani-mo* (avec un verbe négatif).
Rire, v. n., *wara'u*. || — de quelqu'un, *hito-wo wara'u*.
Rivière, s. f., *kawa*.
Riz, s. m., riz en grain, *kome*. — Riz cuit, *mesi*.
Roi, s. m., *ô**, *kokŭ-wau**, *mikado*.
Rocher, s. m., *iwa*.

Rose, s. f., *bara, bara-no hána.*
Rôti (le), s. m., *yaki-niku.*
Rouge, adj., *akai.*
Route, s. f., *miti.* || Autuo. de la —, *miti-no hadŭré-ni.* || Sur le côté de la —, *miti-no hotori-ni.* || La première — à droite. *migi-no dai-iti-ban-me-no miti.* || Il a fait fausse —, *kare-wa matigai-masita.*
Royaume, s. m., *kuni.*

S.

Sabre, s. m., *katana, oho-katana.*
Sac, s. m., *fukuro.* || — de riz, *kome-bukuro.*
Sage, s. m., *hiziri, sei-zin*.* || un —, *iti-nin-no ti-sya*.*
Salir, v. a., *yogosŭ.*
Saluer, v. a., *hai-sŭru.*
Sang, s. m., *ti.*
Sardine, s. f., *iwasi.*
Satin, s. m., *syŭ-sŭ*.*
Saule, s. m., *yanagi.*
Sauvage, s. m., *yebisŭ.*
Sauver, v. a., *tasŭkeru.* || — la vie, *inotiwo tasŭkeru.*
Sauver (se), v. pr., *nigeru.*
Savant, s. m., *gakŭ-sya.*
Savoir, v. a., *siru.*
Savon, s. m., *sabon.*
Science, s. f., *waza, zyŭ'ŭ.*
Secourir, v. a., *tasŭkeru.*
Seigneur, s. m., *sama, kimi, dai-myau*.*
Sel, s. m., *siwo.*
Semer, v. a., *maku.*
Sept, n., *siti*, nanatŭ.*
Serpent, s. m., *yebi (ebi).*
Serrurier, s. m., *kazi-ya.*
Servante, s. f., *ge-dyo.*
Servir, v. a., *tŭkayeru.* || — l'empereur, *mikado-ni tŭkayeru.*
Servir (se), v. pr., *motiyuru.*
Si, c., *mosi.*
Singe, s. m., *saru.*
Six, n., *rokŭ*, mutŭ.*
Sœurs, s. f., *ane-imoto.* || Sœur aînée, *ane.* || Sœur cadette, *imoto.*
Soie, s. f., *kinu.*
Soir, s. m., *yoru.* || Ce —, *kon ban*.*
Soldat, s. m., *hei-sotŭ*.*
Sole, s. f., *hirame.*
Soleil, s. m., *hi.* || rayons de —, *hikari.*
Son. s., *ne, oto.* || Le — du tambour, *tai-ko-no oto.*
Son, pr., *ano hito-no* (pour les hommes) *ano onna-no* (pour les femmes).
Songer, v. n., *omó, kokoro-dŭku* (caresser une idée), *yŭmewo miru* (rêver). || Je songe à vous, *anata-wo omo'i-masŭ.*
Sortes, *iro, sina.* || De toutes —, *iro-iro, sina-zina.*
Sortir, v. n., *deru.*
Soufre, s. m., *ï-wau.*
Soulier, s. m., *kutŭ.*
Souris, s. f., *nezŭmi.*
Sous, adv., *sita-ni.*
Souvent, adv., *tabi-tabi.*
Sucre, s. m., *sa-tau*.*
Sujet, s. m., *ke-rai*.* || Un — de l'empereur, *mikado-no ke-rai.*
Suivant, pp., *tòri-ni.*
Suivant, adj., *tŭgi-no* || l'année —, *tŭgi-no-tosi.* || le

jour —, *yokŭ-zitŭ.* || Le soir —, *yokŭ-ban.* || Le matin—, *yokŭ-tyau.*
Sur, adv., *uye-ni.*

T.

Tabac, s. m., *tabako.* — Fumer le tabac, *tabakowo nomu* (litt. boire le tabac).
Table, s. f., *tŭkuye.* || — pour manger, *han-dai.*
Tambour, s. m., *tai-ko**.
Tard., adv., *osoku.*
Tasse, s. f., *wan** ; — tasse à thé, *tya-wan**.
Teindre, v. a., *someru.*
Temps, s. m., *toki* (moment); — *hima* (loisir); *ten-ki** (température) || Mauvais —, *warui ten-ki**.
Terre, s. f., *tŭti, ti**.
Tête, s. f., *atama, kubi, kasira.* || Mal à la —, *du-tŭ.* || Trancher la —, *kubiwo kiru.* || Mauvaise —, *oboega warui.* || (Voy. Mémoire).
Thé, s. m., *tya**. || Tasse à —, *tya-wan**. || Boîte à —, *tya-bako.* || L'arbre à —, *tya-no ki.* || Maison de thé (sorte de café japonais), *tya-ya.*
Théâtre, s. m., *si-bai**.
Thermomètre, s. m., *kan-dan-kei**.
Tigre, s. m., *tora.*
Toi, pr., *anata, omae.*
Tomber, v. n., *otosŭ, otiru.* || Il tombe de la pluie, *amega furu.* || La forteresse tombe aux mains de l'ennemi, *siro-ga teki-no te-ni otiru.*
Ton, pr., *anata-no, omae no.*
Tortue, s. f., *kame.*
Toujours, adv., *tŭne.*
Tourmenter, v. a., *kurusimeru.*
Tous, *mina, nokorazŭ* (sans exception).
Tousser, v. n., *seki-wo sŭru.*
Traduire, v. a., *yakŭ-sŭru.* || — en japonais, *nippon kotoba-ni yakŭ-sŭru.*
Travailler, v. n., *hataraku, sai-ku-sŭru, si-goto-sŭru.*
Traversin, s. m., *makŭra.*
Très, *ohokŭ, hanahada, sigokŭ.*
Triple, *san-bai**.
Trois, n., *san**, *mitŭ.*
Tromper, v. a., *damasŭ.* || — la confiance de l'empereur, *mikado-wo damasŭ.*
Tromper (se), v. pr., *ayamaru, matiga'u.*
Trop, adv., *amari, sŭgiru, yoke.*
Troubler, v. a., *nigosŭ.*
Tu, pr., *anata, omaë, temaë* (avec mépris).
Tuer, v. a., *korosŭ.*
Tuer (se), v. pr., *zi-gai-sŭru.*

U.

Un, n., *iti**, *hitotŭ.*
Ultérieurement, adv., *noti-ni.*

V.

Vaisseau (marine), s. m., *fu-*

ne. || — de guerre, *ikŭsano fune.*
Vallée, s. f., *tani.*
Vautour, s. m., *oho-taka.*
Veau, s. m., *ko-usi.* || Viande de ||, *ko-usi-no niku.*
Velours, s. m., *birôdo* (mot d'origine portugaise).
Vendre, v. a., *uru.* || — en gros, *orosŭ.* || — en détail, *ko-uri-ni uru.*
Venir, v. a., *kitaru, mairu;* — *agaru* (en montant); *kudaru* (en descendant); *iru* (en entrant); *deru, ‘deru* (en sortant); *atŭmaru* (en société).
Vent, s. m., *kaze.*
Ventre, s. m., *hara.* || J'ai mal au —, *watakŭsi-wa hara-ga itai.*
Ver de terre, s. m., *musi.*
Ver-à-soie, s. m., *kaïko.*
Vert, adj., *midori, moegi, awoi.*
Vérité, s. f., *ma-koto.*
Verser, v. a., *tareru.* || — des larmes, *namida-wo tarasŭ.* || Voy. Tomber.
Vertu, s. f., *tokŭ*.*
Viande, s. f., *niku.*
Vie, s. f., *inoti, mei*.* || Longue —, *naga-iki, tyau-mei*.* || Courte —, *haya-zini, tam-mei*.* || La fin de la —, *inoti-no kagiri.* || Sauver la —, *inotiwo tasŭkeru.* || Risquer sa —, *inotiwo kakeru.* || Prier pour conserver la —, *inoti-goiwo sŭru.* || Accorder la —, *inotiwo tasŭkeru.* || Ne pas tenir à la —, *inoti siradŭ.*
Vieillard, s. m., *tosiyori.*
Vieux, adj., *tosiyori; furui* (ancien).
Vin, s. m., *sake* (vin japonais); — *siu** (vin chinois).
Vinaigre, s. m., *sû.*
Vingt, n., *ni-zyû*.*
Violet, adj., *murasaki-no.*
Visage, s. m., *kawo, kawo-katati.* || Changer de —, *irowo kayeru.*
Vite, adv., *hayaku.*
Vivre, v. n., *ikiru,* — *kurasŭ* (subsister), *sŭma‘u.*
Voile de vaisseau, s. f., *fune-no ho.*
Voir, v. a., *miru.* || Voyez, *go-ran-nasai,* vulg. *mi-yo, mi-ro.*
Voiture, s. f., *kuruma, ba-sya.*
Voler, v. n., *tobu, haneru.*
Voler, v. a., *nusŭmu.*
Voleur, s. m., *dorobô, nusŭbito.*
Vôtre, pr., *anata-no, omae-no.*
Vouloir, v. a. (désirer), *hossŭru, nozomu, nega‘u.*
Vous, pr., *anata, omae.*
Voyageur, s. m., *tabi-bito.*
Vraiment, adv., *ma-koto-ni.*

FIN

Chartres. — Imprimerie DURAND, rue Fulbert.

LANGUE JAPONAISE

COURS DE JAPONAIS

PREMIÈRE ANNÉE

Introduction du Cours de Japonais. — Premières notions de Langue Japonaise parlée et écrite. 3e édition in-12. 3 50
— Premiers éléments de la Grammaire Japonaise, langue vulgaire. In-8. 5 »
— Exercice de Lecture Japonaise. Paris, 1868, in-12. 1 50
— Guide de la Conversation Japonaise. 3e édit. in-12. 5 »
— Manuel de la Lecture Japonaise. In-12. 3 »
— Dictionnaire des Signes idéographiques. In-8. 20 »
— Extraits des Historiens du Japon. Partie I, in-8. 6 »
— Versions faciles en langue japonaise, avec vocabulaire. 2e édition, in-12. 3 50
— Thèmes faciles pour l'étude de la langue japonaise, avec vocabulaire. » »

DEUXIÈME ANNÉE

Extraits des Historiens du Japon. Partie 2, in-8. 6 »
— *Zitŭ-go kyau, Dô-zi kyau.* In-8. 20 »
— Le même : chaque partie séparée. 5 »
— Morceaux choisis en Sinico-Japonais. In-8. 5 »

TROISIÈME ANNÉE

Extraits des Historiens du Japon. Partie 3, in-8. 6 »
— Anthologie Japonaise. Texte. In-8. 4 50
— Manuel du Style épistolaire. In-8. 6 »

Rosny (Léon de). Des affinités du japonais avec certaines langues du continent asiatique. In-8 (rare). 2 »
— Place du Japon dans la classification ethnographique l'Asie. *Paris*, 1879. In-8. 1 50
— Aperçu général de l'Histoire des Japonais (Conférences à l'usage des élèves de l'Ecole spéciale des Langues orientales). *Paris*, 1880. In-8. 1 50

Nous avons en magasins un stock considérable d'ouvrages en dehors de ceux portés sur ce catalogue, sur l'Algérie, Afrique, Tunisie, Maroc, Chine, Indo-Chine, Guadeloupe. Antilles, Australie, Égypte, Abyssinie, Amérique, etc. etc.

Il suffit de nous envoyer une liste des ouvrages que l'on désire se procurer et nous donnons les renseignements dans un bref délai.

TEXTES-CHINOIS

Tsing-haï fen-ki. Histoire des Pirates. *Canton*, 1830, un vol. in-12 ; jolie impression, préface en écriture cursive. 4 »

Tang-chi Hoh-siuen siang-kiaï. Poésies célèbres de la dynastie chinoise des Tang. Édit. Weï-King Tang, 1831. Six vol. in-12 ; jolie édition, avec un commentaire perpétuel. 25 »

Hoeï-lan ki. Le Cercle de craie, drame chinois. Belle impression européenne. In-4. 4 »

TEXTES JAPONAIS

Masakado iti-daï ki. Histoire du célèbre révolutionnaire Masakado. Un vol. in-12, 2 front. en couleur, nombreuses gravures. 8 »

Yé-hon Yédo do-san. Les productions de Yédo. Extrait d'un recueil; nombreuses gravures en couleurs. 6 »

Wa Kan nen-dai ki. Manuel de la Chronologie Japonaise. Édition de Yédo. Un joli petit vol. in-24. 6 »

Yo-no Uvasa. Journal Japonais de Paris, dirigé par le professeur Léon de Rosny. 1870, seul numéro paru, in-8 obl. (rare). 1 »

PUBLICATIONS ORIENTALES

JOURNAL DES ORIENTALISTES. — Première série, Paris, 1876. — Br. in-8. — 3 fr.

Collection complète (25 exemplaires seulement) des numéros de ce curieux bulletin qui n'a pas été continué.

REVUE ORIENTALE ET AMÉRICAINE. — Nombreux numéros séparés. In-8. 1 fr.

Rosny (Léon de). Traité de l'éducation des Vers à soie au Japon, traduit du Japonais. 4e édition française abrégée. *Paris,* 1871. In-8 avec figures. 3 »

— La littérature Chinoise et les travaux de la Sinologie. 1er article (seul publié). *Paris,* 18 . In-8. 1 50

— **Ten-tyu-no kyau.** L'oraison dominicale en japonais. traduction nouvelle. *Les Corluis du Perreux,* tiré à la main par l'auteur à 20 exemplaires. 1872. In-16 de 4 pp. ; pièce très rare et curieuse. 2 »

— Aperçu de la grammaire Siamoise. 1er article, seul publié (avec alphabet Thaï). Paris, 1878. In-8. 1 50

PUBLICATIONS PÉRIODIQUES

ANNALES DE L'ALLIANCE SCIENTIFIQUE UNIVERSELLE

BULLETIN MENSUEL. — In-8.

Abonnement sans distinction de pays : 8 francs par an.

Un numéro spécimen : 1 franc.

Les publications de l'Alliance Scientifique universelle comprennent :

Bulletin. — Première série, t. I à IX, 1876 à 1886. — Neuf volumes in-8 avec planches et figures (Épuisé).

Bien que la première série de ce précieux recueil soit absolument épuisée, nous parvenons de temps à autre à en former des collections complètes dont le prix varie de 100 à 150 fr.

Prix des volumes séparés :

			Papier ordinaire.	Papier vergé.
Tome	I.	— 1876-1877.	20 »	25 »
—	II.	— 1878-1879.	6 »	25 »
—	III.	— 1879.	5 »	25 »
—	IV.	— 1880.	4 »	*Épuisé.*
—	V.	— 1881.	4 »	25 »
—	VI.	— 1882.	3 »	25 »
—	VII.	— 1883-1884.	4 »	*Épuisé.*
—	VIII.	— 1885.	4 »	25 »
—	IX.	— 1886-1887.	3 »	25 »

Seconde série (série courante), publiée sous le titre d'*Annales de l'Alliance Scientifique :*

			Papier ordinaire.	Papier vergé.
Tome	I.	— 1888-1890.	10 »	20 »
—	II.	(En cours de publication). — Partie I.	2 »	2 »

— III. — 1891-1892. — A partir du tome III de la seconde série, les *Annales de l'Alliance Scientifique* paraissent tous les mois et sont envoyés franco sans distinction de pays moyennant l'abonnement de 8 francs par an.

Nous pouvons fournir un grand nombre de livraisons séparées pour compléter les collections de ce précieux recueil, et nous achetons les volumes et livraisons isolés.

PUBLICATIONS

DE LA

SOCIÉTÉ OCÉANIENNE DE FRANCE

Président : **G. ÉLOFFE,** ✠.

I. — Mémoires de la Société Océanienne de France, paraissant à des époques indéterminées.

Tome I, partie 1. Les aborigènes de l'Australie, par *John Fraser*. — Documents relatifs à l'histoire d'Atcheh, par *Éd Dulaurier*, de l'Institut. — Étude sur le système de numération dans les langues Océaniennes, par *M. Smith*. — La colonie malaise de New-York, par *Hansen Blangsted.*

Prix de ce fascicule : 3 »

Il ne reste plus que quelques exemplaires.

II. — **Bulletin de la Société Océanienne** (compte-rendu trimestriel des travaux de la Société), in-8 avec figures

Abonnement d'un an (sans distinction de pays).. . . **3 50**

Les demandes d'abonnement à ces différents recueils doivent être adressées *à MM. Faivre et Teillard, libraires de l'Alliance Scientifique et de la Société Océanienne de France,* ces sociétés faisant le service de ces publications exclusivement pour leurs membres.

MM. les membres de ces Sociétés sont également invités à s'adresser aux mêmes libraires pour les numéros détachés qu'ils désireraient acquérir en dehors de l'exemplaire auquel ils ont droit.

OUVRAGES PUBLIÉS EN OCÉANIE

Nos relations particulières avec les différentes îles de l'Océanie nous permettent de faire venir tous les ouvrages publiés dans ces localités lointaines aux conditions les plus avantageuses. — Publications faites aux Indes Néerlandaises, en Australie, à la Nouvelle-Zélande, etc., etc.

DÉPOTS DE LIVRES

Nous acceptons en dépôt tous les livres sur l'Océanie dont MM. les auteurs français et étrangers voudraient bien nous confier la vente.

Favre (The Rd). — An account of the Wild Tribes inhabiting the Malayan Peninsula, Sumatra and a few Neighbouring islands, with a Journey in Johore and a Journey in the Menangkabaw States of the Malayan Peninsula. *Paris*, Imperial Printing office, 1865. Gr. in-12. 3 50

Foley (Dr). La Polynésie sous-tropicale et ses Canacs ; tirage à part. *Paris*, 1877. In-8. 1 »

Révillout (Eugène). — Les papyrus coptes du Musée égyptien du Louvre, provenant du monastère de St-Jérémie de Memphis. Tirage à part, textes en caractères coptes, trad., etc. 2 »

Gubernatis (Angelo de). — Gli scritti del Padre Marco della Tomba, missionario nelle Indie Orientali. *Firenze*, 1878. Un vol. in-12. 3 50

Pavie (Théodore). Quelques observations sur le Gouzerati et le Maharatti. *Paris*, Imp. roy., 1842 ; tirage à part (*rare*). 2 »

Rosny (Léon de). — La bibliothèque Tamoule de M. Ariel, de Pondichéry. *Paris*, 1866. — Extrait in-8. 3 »

— Notice sur la langue Annamique. *Paris*, 1855. — In-8 (*rare*). 2 »

— L'Orient. *Paris*, 1860. — In-8. 1 »

— Sur la Géographie et l'Histoire de la Corée. *Nancy*, 1868. In-8. 1 »

LIBRAIRIE AFRICAINE ET COLONIALE

A. FAIVRE ET TEILLARD

27, RUE BONAPARTE, 27

PARIS

Ambassade de la Compagnie hollandaise des Indes d'Orient vers l'empereur du Japon, divisée en trois parties, ornée de figures en taille-douce, avec une relation exacte des guerres civiles de ce pays-là. Paris, 1712, 3 part. en un v. in-12, demi-mar. grenat. 6 »

Rare.

Ambassades mémorables de la Cie des Indes Orientales des Provinces Unies vers les Empereurs du Japon, contenant les choses remarquables arrivées pendant le voyage des Ambassadeurs, et la description des villes, bourgs, forteresses, temples, etc. animaux, plantes, etc., etc., habillemens des Japonais, leurs exploits de guerre et les révolutions tant anciennes que modernes que ces peuples ont essuyées. Amsterdam. 1680, 2 tomes en 1 vol. in-fol, veau, avec figures dessinées sur les lieux et nombreuses planches. *Ouvrage de toute rareté. Bel exemplaire.* 40 »

Ardouin (Dr Léon). Aperçu sur l'histoire de la médecine au Japon. Paris, 1884, br. in-8. 2 »

Chassiron (Le Bon Ch. de). Notes sur le Japon, la Chine et l'Inde. 1858-1859-1860. Paris, 1861, gr. in-8 br., carte. 6 »

Cotteau (Edmond), chargé d'une miss. en Sibérie et au Japon. Un touriste dans l'Extrême-Orient (Japon, Chine, Indo-Chine, Tonkin, 4 août 1881-24 janvier 1882). Paris, 1885, 2e édit. in-12 br., n. c., de 448 p., 3 cartes et 38 gravures. 4 »

Ouvr. couronné par l'Académie franç.

Cotteau (Edmond). De Paris au Japon, à travers la Sibérie. Voyage exécuté du 6 mai au 7 août 1881. Paris, 1883, in-12 de 450 pp., avec carte et gravures. 3 »

Dalmas (Comte Raymond de). Les Japonais, leur pays et leurs mœurs. Voyage autour du Monde, avec une préface de M. Henri Duveyrier. Paris, 1885, in-12 br., carte et figures. 3 75

Publ. à 5 fr.

Fraissinet (Ed.). Le Japon contemporain, Paris, 1857, in-12 br. 2 »

Japon, Chine, Indo-Chine, Siàm, faits commerciaux, 1852, in-8, percal. rouge. Bel exempl. 3 50

Kaempfer (Engelbert). Histoire naturelle, civile et ecclésiastique de l'Empire du Japon, traduite en françois sur la version angloise de Jean-Gaspard Scheuchzer. Ouvrage enrichi des plans et des cartes nécessaires. La Haye, 1732, 3 vol. in-12 rel. 12 »

— Le même. 2 vol. in-fol. cart. 30 »

Le Japon à l'exposition de 1878. 1re partie : Géographie et histoire du Japon. 2e partie : Art, éducation et enseignement, industrie, production, agriculture et horticulture. Paris, 1878, 2 vol. in-8 br. *Excellent ouvrage.* 10 »

Montblanc (Comte de). Le Japon. Paris, 1865. — Le Japon, ses institutions, ses produits et ses relations avec l'Europe. Paris, 1867, 2 vol. in-8, percal. rouge. (*Dédicace*). 4 »

Pigneyra (R. P. Louis). La nouvelle histoire du Japon divisée en cinq livres, où il est traité amplement de l'estat de sa chrestienté, etc., etc. Paris, 1618, fort vol. in-8, d.-veau. *Excellent ouvrage très rare.* 6 »

Projet de code de procédure criminelle pour l'empire du Japon, présenté au Sénat par le Ministre de la Justice. Tokio, 1879, in-8 br. 2 50

Rosny (Léon de). Questions d'archéologie Japonaise. I. Les sources les plus anciennes. II. l'Ecriture sacrée et les inscriptions de l'antiquité Japonaise, etc., etc. Paris, 1882, br. in-8, non coupé. 1 50

Rosny (Léon de). Taï-kau-ki. Histoire populaire de Taïkau Sama, trad. pour la première fois du Japonais. Paris, br. in-8 grav. 1 50

Roussin (Al.). Une campagne sur les côtes du Japon. Paris, 1866, in-12, dem.-chag. Carte. 3 50

Tavernier (J. B.). Recueil de plusieurs Relations et Traitez singuliers et curieux qui n'ont point esté mis dans ses six premiers voyages. Divisé en cinq parties. — I. Une relation du Japon, et de la cause de la persécution des chrestiens dans ses isles ; avec la carte du païs. — II. Relation de ce qui s'est passé dans la négociation des députez qui ont esté en Perse et aux Indes, tant de la part du roy, que de la compagnie françaisc, pour l'establissement du commerce. — III. Observations sur le commerce des Indes Orientales, et sur les fraudes qui s'y peuvent commettre. — IV. Relations nouvelle et singulière du Royaume de Tunquin (96 pages), avec plusieurs figures et la carte du païs. — V. Histoire de la conduite des Hollandois en Asie. Paris, 1679, in-4 v., avec deux beaux portraits de Tavernier, dont un le représentant habillé en Turc ; cartes et grandes planches pliées. Edition originale. 25 »

Thunberg (C. P.). Voyage en Afrique et en Asie, principalement au Japon pendant les années 1770 à 1779. Servant de suite au voyage de Sparmann. Paris, 1794, in-8, dem.-bas. 3 »

Thunberg (C. P.). Voyages au Japon, par le cap de Bonne-Espérance, les iles de la Sonde, etc., augmentés de notes considérables, etc. Paris, an IV (1796), 4 vol. in-8 br., nombr. planches. *Très rare.* 15 »

Villaret (E. de). Dai Nippon (le Japon). Paris, 1889, fort vol. in-8 br., *avec 3 cartes hors texte.* 3 50

Villetard (E.). Le Japon. Ouvrage illustré de 40 gravures dans le texte et d'une carte. In-8 br. Paris, 1879. 3 50

Ambassade de la compagnie Orientale des provinces unies vers l'Empereur de la Chine, ou grand cam de Tartarie, faite par les sieurs Pierre de Goyer, et Jacob de Keyser. Illustrée d'une très exacte description des Villes, Bourgs, Villages, Ports de Mers, et autres lieux plus considérables de la Chine. — Enrichie d'un grand nombre de tailles douces, par Jean Nieuhoff. Orné et assorti de mille belles particularitez tant morales que politiques. Leyde, 1665, 2 vol. reliés en un in-fol. v. 35 »

Bel exempl.

Beaumont (de.). Beautés de l'histoire de la Chine, du Japon et des Tartares, ou tableau des principaux événements de l'histoire de ces peuples etc., etc. Paris, 1818, 2 vol. in-12 dem. bas. Nombreuses planches. 6 »

Bonacossi (Cte Alex. de). La Chine et les Chinois. Paris, 1847, in-8 br. Carte. 3 »

Brouillon (le R. P), *Missionnaire*. Missions de Chine, mémoire sur l'état actuel de la mission du Kiang-Nan (1842-1855), suivi de lettres relatives a l'insurrection de 1851-1855. Paris, 1855, in-8 rel. dem. chagr. 5 »

Catrou (François) Histoire générale de l'empire du Mogol depuis sa fondation, sur les mémoires portugais de M. Manouchi, Vénitien. La Haye, 1708, in-12 v. Carte. 4 »

Chaboseau (Aug.). Essai sur la philosophie bouddhique. In-8. 5 »

Chinese dialogues, manuscrit, in-fol. veau. *Bel. ex. très rare.* 15 »

Dabry (P.). Guide des armées alliées en Chine, ou dialogues en 3 langues, français, anglais, chinois, avec la prononciation figurée du chinois, suivi d'un vocabulaire chinois, français, anglais etc., etc. Paris, 1859, in-12 br. vu et corrigé par un lettré Chinois. *Rare et recherché.* 5 »

De Guignes Dictionnaire. chinois Français-latin. 1803, in-fol. 100 »

Des Michels (Abel). Manuel de la langue chinoise écrite, destiné à faciliter la rédaction des pièces dans cette langue. Paris, 1888, fort vol. gr. in-8 br. non coupé. 20 »

D'Ohsson (C.). Histoire des Mongols, depuis Tchinguiz-Khan, jusqu'à Timour-Lane. Paris, 1824, 2 vol. in-8 dem-chag. avec carte. *Rare.* 15 »

Girard, (O.). *Ancien curé et témoin synodal de St-Paul aux Iles Mascareignes.* France et Chine, vie publique et privée des Chinois anciens et modernes de la France dans l'extrême Orient. Institutions politiques, sociales, civiles, religieuses et militaires, mœurs et coutumes, philosophie et littérature, sciences et arts (etc., etc). (2e édit). revue et corrigée Paris, 1870, 2 vol. in-8 br. 5 »

Grosier (l'abbé). Description générale de la Chine, ou tableau de l'Etat actuel de cet empire contenant 1° La description topographique des quinze provinces qui le composent, celle de la Tartarie, des isles et autres Pays tributaires qui en dépendent, les villes, les productions variées de son sol et les principaux détails de son histoire naturelle, etc., etc. Paris, 1785, in-4 v. 8 »

Guignes. (de) Voyages à Peking, Manille et îles-deFrance, faits dans l'intervalle des années 1784 à 1801. Paris, 1808, 3 v. in-8 demi-f. et atlas in-fol. cart. de 97 planches gravées. 40 »

Haussmann (Aug.). Voyage en Chine, Cochinchine, Inde et Malaisie. Paris, 1784-48, 3 vol. in-8 br. non coupé. *Excellent ouvrage. Rare.* 15 »

Hedde (Isidore). Môa-Fâ-Tí-Lí-Tchi. Géographie Chinoise et Française. Paris, 1876, gr. in-8 br. non coupé. Il y a dans cet ouvrage un vocabulaire géographique chinois. 16 »

Hervey *de St-Denis* (*Marquis d'*). Mémoire sur le pays connu des anciens Chinois sous le nom de Fou-Sang. *etc. etc.* Paris, 1876, br. in-8. 1 25

Histoire universelle du grand royaume de la Chine, composée en italien par le P. Alvarez Semedo Portugais, de la Cie de Jésus, et trad. en notre langue par Louis Coulon. Paris, 1645, in-4 veau. 2 parties dans le même vol. *Excel. ouvr. Rare.* 20 »

Histoire de Timur-Bec connu sous le nom du grand Tamerlan Empereur des Mogols et Tartares. En forme de journal historique de ses victoires et conquêtes dans l'Asie et dans l'Europe. Écrite en persan par Cherefeddin Ali, natif d'Yezd. Traduite en français par feu Monsieur Petis de La Croix.

Paris, 1722, 4 vol. in-12 v. Avec des notes historiques, et cartes géographiques. 12 »

Huc (l'abbé). Souvenirs d'un voyage dans la Tartarie, le Thibet et la Chine, pendant les années 1844 à 1845, 2e édit. Paris, 1856, 2 v. in-8 br. Carte. 7 »

Idée générale du gouvernement et de la morale des Chinols. Tirée particulièrement des ouvrages de Confucius par M. D. S****. 1729, in-4 dérel. 3 »

Julien (Stanislas). Exercices pratiques d'analyse, de syntaxe et de lexigraphie chinoise, etc., etc. Paris, 1842, in-8 br. avec une lettre adressée à M. Julien, par le P. Hyacinthe. *Rare et recherché.* 5 »

Jurien de la Gravière. Voyage en Chine, pendant les années 1847-48-49 et 50. Paris, 1864, 2 vol. in-12 rel. dem. chag. 5 50

Klaproth. Chrestomathie mandchoue, ou recueil de textes mandchoux avec traduction. Paris, 1828, in-8 br. 4 »

Lacroix (L.). Le papier monnaie en France et en Chine. 1867, br. in-8. 1 50

Laffitte (P.). Considérations générales sur l'ensemble de la civilisation chinoise et sur les relations de l'Occident avec la Chine. Paris, 1861, in-8 br. 3 »

Lamarre et de Fontpertuis. La Chine et le Japon et l'exposition de 1878. Paris, 1878, in-12 br. carte coloriée de la Chine et du Japon et plan colorié de l'Exposition 2 »

Langlès (L.). Alphabet Mantchou, rédigé d'après le syllabaire et le dictionnaire universel de cette langue, augmenté d'une notice sur l'origine, l'histoire et les travaux littéraires des Mandtchoux actuellement maîtres de la Chine. Paris, 1807, in-8 br. planches, *Ouvrage recherché très rare.* 15 »

Le Comte (le P. Louis), *de la Cie de Jésus.* Nouveaux mémoires sur l'état présent de la Chine. Paris, 1696, 2 v. in-12 v. *fig.* 15 »

Les mémoires du P. Lecomte furent condamnés au feu par les théologiens de de son époque sur la dénonciation de l'abbé Boiiaux frère des Despréaux. Le P. Lecomte qui était mathématicien jugeait justement les Chinois; c'est pour avoir dit dans son lvre que les Chinois adoraient le vrai Dieu avant les chrétiens que son livre fut condamne.

Le même en 3 vol. in-12 v. 20 »

Magaillans (le R. P. de). Nouvelle relation de la Chine, contenant la description des particularitez les plus considérables de ce grand empire, composée en l'année 1668, et trad. du portugais en françois par le sieur B. Paris, 1688, in-4 veau, avec plan de la ville de Pekin capitale de la Chine. 25 »

Martini, *de la Cie de Jésus.* Histoire de la guerre des Tartares contre la Chine, contenant les révolutions estranges qui sont arrivées dans ce grand royaume depuis 40 ans. Paris, 1654, in-12 vélin carte. *Rare.* 5 »

Palafoc (de), *Evêque d'Osma.* Histoire de la conqueste de la Chine par les Tartares trad. en français par le sieur Collé. Paris, 1670, pet. in-8 v. avec front. grav. 6 »

Paléologue. L'art chinois. Paris, 1887, in-8 br. non coupé, nombr. gravures. 4 50

Pinto (F. Mendez). Les voyages adventureux, en Chine, dans la Tartarie, à Siam, au Pégu et autres contrées orientales, fidèlement traduits du portugais en français par le sieur B. Figuier. Paris, 1628, in-4 v. 50 »

Piry (Théophile).Le Saint Edit del'Empereur K'Ang'-Hsi. Etude de littérature chinoise. Shanghai, 1879, in-4 rel. toile. 20 »

Rémusat (Abel). Essai sur la langue et la littérature chinoises, avec cinq planches, contenant des textes chinois, accompagnés de traduction, de remarques et d'un commentaire littéraire et grammatical. Suivi de notes et d'une table alphabétique des mots chinois. Paris, 1811, in-8 br. 4 50

Réponse à la lettre de Messieurs des Missions étrangères, au pape,sur les cérémonies chinoises. 1700, in-4 dérel. 3 50

Rhodes *Alex. de mission de la C*[ie] *de Jésus.* Les voyages et missions en la Chine et autres royaumes de l'Orient. Paris, 1854, fort vol. in-8 br. 5 50

Roy (J.-E.). La Chine et la Cochinchine, géographie physique et politique, climat, productions, expédition franco-anglaise, expéditions françaises, depuis leur origine, notice sur l'empire annamite, etc., etc. Lille et Paris, 1862, in-8 br. non coupé grav. 8 »

Ta-Tsing-Leu-Lée, ou les lois fondamentales du code pénal de la Chine, avec le choix des statuts supplémentaires, trad. du chinois et accompagné d'un appendice contenant des documents authentiques etc. etc. par G. T. Staunton. Paris, 1812, 2 forts vol. in-8 br. non rogné. *Très rare.* 6 »

Vojeu de Brunem. Histoire de la conquête de la Chine par les Tartares Mancheoux, à laquelle on a joint un accord chronologique des annales de la monarchie chinoise, etc., etc. Lyon, 1754, 2 vol. in-12 v. 4 »

Voyage agricole et horticole en Chine, extrait des publications de M. Robert Fortune etc. etc. Paris, 1853, in-8 percal. rouge. 3 »

Yvan (Melchisr). La Chine et la presqu'île Malaise. Relation d'un voyage accompli en 1843-44-45 et 46. Paris, 1850, in-8 br.

Chartres. — Imprimerie Durand, rue Fulbert.

www.ingramcontent.com/pod-product-compliance
Ingram Content Group UK Ltd.
Pitfield, Milton Keynes, MK11 3LW, UK
UKHW020935180726
13838UKWH00002B/952

9 782329 339924